Diogo Pacheco
Um Maestro Para Todos

ALFREDO STERNHEIM

Diogo Pacheco

Um Maestro Para Todos

ALFREDO STERNHEIM

imprensaoficial

GOVERNO DO ESTADO
DE SÃO PAULO

Governador Alberto Goldman

imprensaoficial Imprensa Oficial do Estado de São Paulo

Diretor-presidente Hubert Alquéres

Coleção Aplauso

Coordenador Geral Rubens Ewald Filho

No passado está a história do futuro

A Imprensa Oficial muito tem contribuído com a sociedade no papel que lhe cabe: a democratização de conhecimento por meio da leitura.

A Coleção Aplauso, lançada em 2004, é um exemplo bem-sucedido desse intento. Os temas nela abordados, como biografias de atores, diretores e dramaturgos, são garantia de que um fragmento da memória cultural do país será preservado. Por meio de conversas informais com jornalistas, a história dos artistas é transcrita em primeira pessoa, o que confere grande fluidez ao texto, conquistando mais e mais leitores.

Assim, muitas dessas figuras que tiveram importância fundamental para as artes cênicas brasileiras têm sido resgatadas do esquecimento. Mesmo o nome daqueles que já partiram são frequentemente evocados pela voz de seus companheiros de palco ou de seus biógrafos. Ou seja, nessas histórias que se cruzam, verdadeiros mitos são redescobertos e imortalizados.

E não só o público tem reconhecido a importância e a qualidade da Aplauso. Em 2008, a Coleção foi laureada com o mais importante prêmio da área editorial do Brasil: o Jabuti. Concedido pela Câmara Brasileira do Livro (CBL), a edição especial sobre Raul Cortez ganhou na categoria biografia.

Mas o que começou modestamente tomou vulto e novos temas passaram a integrar a Coleção ao longo desses anos. Hoje, a Aplauso inclui inúmeros outros temas correlatos como a história das pioneiras TVs brasileiras, companhias de dança, roteiros de filmes, peças de teatro e uma parte dedicada à música, com biografias de compositores, cantores, maestros, etc.

Para o final deste ano de 2010, está previsto o lançamento de 80 títulos, que se juntarão aos 220 já lançados até aqui. Destes, a maioria foi disponibilizada em acervo digital que pode ser acessado pela internet gratuitamente. Sem dúvida, essa ação constitui grande passo para difusão da nossa cultura entre estudantes, pesquisadores e leitores simplesmente interessados nas histórias.

Com tudo isso, a Coleção Aplauso passa a fazer parte ela própria de uma história na qual personagens ficcionais se misturam à daqueles que os criaram, e que por sua vez compõe algumas páginas de outra muito maior: a história do Brasil.

Boa leitura.

Alberto Goldman

Governador do Estado de São Paulo

First
Breitkopf & Härtels Orchesterbibliothek
Medea's Meditation and Dance of Vengeance

Coleção Aplauso

O que lembro, tenho.

Guimarães Rosa

A Coleção Aplauso, concebida pela Imprensa Oficial, visa resgatar a memória da cultura nacional, biografando atores, atrizes e diretores que compõem a cena brasileira nas áreas de cinema, teatro e televisão. Foram selecionados escritores com largo currículo em jornalismo cultural para esse trabalho em que a história cênica e audiovisual brasileiras vem sendo reconstituída de maneira singular. Em entrevistas e encontros sucessivos estreita-se o contato entre biógrafos e biogra-fados. Arquivos de documentos e imagens são pesquisados, e o universo que se reconstitui a partir do cotidiano e do fazer dessas personalidades permite reconstruir sua trajetória.

A decisão sobre o depoimento de cada um na primeira pessoa mantém o aspecto de tradição oral dos relatos, tornando o texto coloquial, como se o biografado falasse diretamente ao leitor.

Um aspecto importante da Coleção é que os resultados obtidos ultrapassam simples registros biográficos, revelando ao leitor facetas que também caracterizam o artista e seu ofício. Biógrafo e biografado se colocaram em reflexões que se estenderam sobre a formação intelectual e ideológica do artista, contextualizada na história brasileira.

São inúmeros os artistas a apontar o importante papel que tiveram os livros e a leitura em sua vida, deixando transparecer a firmeza do pensamento crítico ou denunciando preconceitos seculares que atrasaram e continuam atrasando nosso país. Muitos mostraram a importância para a sua formação terem atuado tanto no teatro quanto no cinema e na televisão, adquirindo, linguagens diferenciadas – analisando-as com suas particularidades.

Muitos títulos exploram o universo íntimo e psicológico do artista, revelando as circunstâncias que o conduziram à arte, como se abrigasse em si mesmo desde sempre, a complexidade dos personagens.

São livros que, além de atrair o grande público, interessarão igualmente aos estudiosos das artes cênicas, pois na Coleção Aplauso foi discutido o processo de criação que concerne ao teatro, ao cinema e à televisão. Foram abordadas a construção dos personagens, a análise, a história, a importância e a atualidade de alguns deles. Também foram examinados o relaciona mento dos artistas com seus pares e diretores, os processos e as possibilidades de correção de erros no exercício do teatro e do cinema, a diferença entre esses veículos e a expressão de suas linguagens.

Se algum fator específico conduziu ao sucesso da Coleção Aplauso – e merece ser destacado –, é o interesse do leitor brasileiro em conhecer o percurso cultural de seu país.

À Imprensa Oficial e sua equipe coube reunir um bom time de jornalistas, organizar com eficácia a pesquisa documental e iconográfica e contar com a disposição e o empenho dos artistas, diretores, dramaturgos e roteiristas. Com a Coleção em curso, configurada e com identidade consolidada, constatamos que os sortilégios que envolvem palco, cenas, coxias, sets de filmagem, textos, imagens e palavras conjugados, e todos esses seres especiais – que neste universo transitam, transmutam e vivem – também nos tomaram e sensibilizaram.

É esse material cultural e de reflexão que pode ser agora compartilhado com os leitores de todo o Brasil.

Hubert Alquéres
Diretor-presidente
Imprensa Oficial do Estado de São Paulo

Para Diogo Pacheco, cuja carreira, permeada de brilho,
simpatia e generosidade, impulsinou esta biografia,
e Antonio Carlos Contrera, meu companheiro de sempre.

Alfredo Sternheim

Introdução

Tanto ao ser empregado como o regente de uma monarquia (aquele que, temporariamente, domina e controla um governo) ou de uma orquestra, como adjetivo transmite poder, fascínio. Principalmente entre os que exercem a regência para conduzir um concerto, uma ópera. Eles costumam ser vistos como deuses, como seres grandiosos e, muitas vezes, arrogantes. O falecido Herbert von Karajan é um exemplo. Mas não podemos generalizar, embora, pela própria posição que têm no cenário artístico de qualquer país, aproximar-se deles costuma ser intimidante. Afinal, é preciso ter uma inteligência quase genial e uma alta sensibilidade para serem o que são.

É o caso de Diogo de Assis Pacheco. Mais conhecido como Diogo Pacheco, Ele tem tudo isso. Mas não a soberba que se espera de alguém que há mais de cinquenta anos brilha no cenário da música erudita no Brasil. E olhe que não faltaram momentos para que se deixasse levar pela embriaguez do sucesso. Pelo contrário, foram muitos, aqui e no exterior. Afinal, não é qualquer um que faz seus estudos em um dos mais importantes centros musicais dos Estados Unidos, ao lado de gente como Seiji Ozawa, Zubin Mehta e outros deuses dessa área. Só que Diogo já respirava música desde o berço em São Paulo: seu irmão mais velho, Armando de Assis Pacheco, conhecido como Assis Pacheco, foi o tenor brasileiro mais reverenciado do planeta. Daí existir um certo temor para se aproximar desse deus da música.

Porém, eu tinha uma vantagem: já conhecia Diogo da redação do jornal *O Estado de S. Paulo*, quando fui crítico de cinema entre 1963 e 1967. Eu, um pirralho de vinte anos sob a chefia do austero Rubem Biáfora e no meio de alguns intelectuais empolados, ficava encantado com o seu frequente bom humor, a sua simplicidade. Ou seja, apesar da admiração pelo regente, que evoluiu depois, sabia da sua natural simpatia. Uma das razões que fizeram me aproximar dele novamente para fazer a sua biografia, de importância essencial para a cultura brasileira.

À medida que as gravações aconteciam, ia surgindo uma trajetória movimentada, empolgante, com fatos insólitos. Como o ocorrido no emblemático ano de 1964. Diogo Pacheco ganhou inusitado destaque na mídia por uma ousadia artística: fez com que, pela primeira vez, uma cantora popular se apresentasse no palco do nobre Theatro Municipal de São Paulo. No caso, Elizeth Cardoso que, sob a sua regência, interpretou as *Bachianas Brasileiras nº 5*, de Villa-Lobos. O lado provocador do maestro foi realçado. Mas a ideia do espetáculo surgiu menos por contestação e mais por razões puramente musicais, por profundo respeito à criação do compositor e com a legítima intenção de divulgar da forma mais ampla esse clássico brasileiro.

Posteriormente, por volta de 1971, vi pessoalmente o maestro criar um novo clima de tensão na temporada lírica paulistana que dirigiu durante a gestão do hoje esquecido prefeito Figueiredo Ferraz; sob a sua aprovação, Diogo não só popularizou a ópera (preços baixos) como valorizou os músicos e cantores brasileiros e, pela primeira vez, chamou diretores renomados do teatro para responder pelas encenações. E eles, com liberdade criativa garantida pelo diretor da temporada, em várias óperas, fizeram uma renovação auspiciosa e polêmica. Afinal, *habituées* do meio lírico apegados a certas posturas tradicionais ou algo arcaicas, às vezes recusam mudanças. E fazem isso com atitudes radicais, que podem incluir vaias. Em nome de um purismo ultrapassado, muitos não aceitaram um tenor descendo de balão entre as assanhadas mocinhas de *Il Matrimônio Secreto*. Ou ter o coro no poço da orquestra para deixar o palco mais livre às movimentações gaiatas do alegre *L'Elisir D'Amore*. Dois espetáculos arrebatadores, inesquecíveis. Ao contrário de muitos regentes arrogantes que se acomodam em sinfonias porque temem o brilho da ópera, de seus intérpretes, Diogo a venera, ama seus cantores, sem deixar de se mostrar forte, as vezes rude, nas exigências artísticas com eles, assim como com seus músicos.

Tanto na ocasião dessa temporada como em outras, muitos queriam a cabeça desse maestro de formação clássica que, sem abandoná-la, sem se acomodar nos aplausos constantes mais abastadas, nos elogios da crítica, sempre procurou ampliar o diálogo da música com o público, alcançar apreciadores em todas as classes sociais. Essa é uma de suas principais metas: a busca de novas plateias. Ao longo de sua carreira, Diogo se preocupou em atingir não apenas a sensibilidade musical do apreciador de boa formação cultural, de maior poder aquisitivo, mas principalmente as do povo sem conhecimento da música erudita. Um desconhecimento, uma falta de interesse gerado mais por falta de oportunidades. E estas, ele as fez surgir, seja em aulas, na criação de mais de cinquenta corais, ou através de programas de TV, de rádio, do jornalismo e em apresentações públicas e gratuitas acontecidas em lugares como igrejas e estádios. Ao mesmo tempo, com a sua vasta e inspirada cultura, jamais descuidou de garimpar compositores pouco conhecidos ou considerados desafiadores, ou de aliar-se a movimentos artísticos que contestavam o tradicional e divulgá-los. Enfim, ele quis ser e é um maestro para todos.

Apoiado em estudos, em viagens frequentes ao exterior e em seus trabalhos como jornalista da área, Diogo sempre procurou se renovar e jamais deixou de encarar com determinação os problemas surgidos em suas atividades profissionais e na sua rotina pessoal. Caso da estoica fisioterapia que pratica para enfrentar as consequências de alguns problemas de saúde que sofreu, mas que não lhe fizeram esmorecer no amor pela existência e pela música. Tanto para exercê-la como para apreciá-la.

Foi um prazer, uma honra ser o portador do relato biográfico de Diogo Pacheco. Sempre de bem com a vida, em vários encontros na sua residência, ele contou, de forma às vezes brejeira, a sua impressionante e brilhante trajetória, evitando descrever ressentimentos e desafetos, mas acentuando o sentimento da gratidão. E apontando também com humildade os seus equívocos. Abordou ainda suas raras composições, bem como a relação nem sempre fácil com as divas e os instrumentistas, todos tratados em clima de estima e respeito. Além disso, permitiu transcrever parte de uma palestra recente, *O Mito da Regência*, onde, de forma didática e leve, esclarece aspectos relevantes no domínio da preparação e condução de uma orquestra.
O livro inclui ainda depoimentos de personalidades do mundo cultural que, com reverência e carinho, ressaltam feitos que ele deixou ou esqueceu de contar, e aspectos da generosidade e do talento desse maestro apaixonado (pela sua atividade e pela companheira Elza Muniz) e apaixonante, que se serviu da música mas, principalmente, serviu a música de uma maneira singular.

Alfredo Sternheim

A quem poderia dedicar este livro senão à minha amada Elza, companheira, enfermeira, em todos meus momentos de dor, além dos maravilhosos momentos de prazer infinito que apenas sua presença constante já seria suficiente para me encantar a vida com sua beleza doce, sua dedicação sem par para cuidar de minha saúde, embora me prive às vezes de tomar um chopinho. Mas sei que isso ela também faz por amor que não sei onde ela encontrou tanto para me dar.

Diogo Pacheco

A Infância e os Primeiros Sons

Eu nasci no dia 8 de novembro de 1925. Portanto, estou com 84 aninhos. Sou paulistano do bairro de Belenzinho. Sou filho de Adelaide Carneiro de Assis Pacheco e de Silvio de Assis Pacheco. A minha família morava na rua Julio de Castilhos, bem perto do largo São José de Belém, atrás da Igreja de São José do Belém. Minha casa ficava bem em frente do Grupo Escolar Amadeu Amaral. Eu sou o caçula de dez irmãos. Três morreram bem novinhos. Ser o caçula é uma vantagem muito grande: você passa a ser mimadíssimo. Por isso, me permitiam fazer tudo. Ou quase tudo.

Minha mãe e meu pai eram da classe média, mais para pobres. Brasileiros natos, vieram de Itu. Meu pai, que foi guarda-livros do Automóvel Clube – acho que equivale ao contador de hoje – não lembro. E nem poderia. Ele morreu quando eu tinha quatro meses de idade num desastre de automóvel na praia de José Menino, em Santos. Ele tinha um Studebacker conversível. O irônico é que ele tinha motorista particular, mas naquele dia, resolveu dirigir. O motorista estava ao lado e também morreu. Eu estava no carro. Eu, minha mãe e minha irmã mais velha. Mas comigo, não aconteceu nada. Minha mãe sempre contava que o carro capotou na areia. Ela se esquivou, gritou por socorro, muita gente passava... e nada.

Eu tive essa mágoa enorme na minha vida: a de crescer sem pai. Minha mãe não casou de novo, não era bem entre as mulheres naquela época. Mas o engraçado é que elas tinham por hábito casar muito cedo. Mamãe, parece que casou com quinze ou dezesseis anos. A minha tia Nina casou com quatorze anos. Mas era uma vez só que casavam.

Na realidade, na minha infância, eu queria ser engraxate. A minha mãe brigava comigo por causa disso, principalmente depois que eu peguei uma caixa e cismei de montar um ponto, lá na porta de casa, no bairro de Belém, para ficar engraxando sapatos. Depois, montei um armazém no quintal.

A tia Sinesia tocava piano, mamãe tocava um pouco de piano, a minha irmã Maria Esther, um pouco mais velha do que eu, também tocava piano. A música sempre esteve presente na minha casa, na minha vida. O engraçado é que a minha formação não era só clássica. Eu gostava muito de música

popular, também. Então, ouvia muito o Orlando Silva, que adorava. Aliás, adoro até hoje. Fico horas ouvindo. Aliás, fiquei muito emocionado com um depoimento do musicólogo e jornalista Zuza Homem de Mello. Ele lembrou que deve a mim a sua descoberta de Orlando Silva. Foi na minha casa, ficamos até de madrugada falando e ouvindo Orlando Silva, especialmente o *Carinhoso*. Apesar da minha formação erudita, nunca tive preconceito com a música popular. Tanto é que convidei a Elizeth Cardoso para cantar no Theatro Municipal de São Paulo. Mas isso já é outro capítulo. Além de Orlando Silva, ouvia Carmen Miranda, Francisco Alves e admirava compositores como Noel Rosa, Ismael Silva, entre outros.

Com algumas irmãs no quintal da casa
Diogo Pacheco aos 14 anos

Depois, fui analisar e entendi por que eu havia gostado. Foi o impacto da sensibilidade. Já o intelectual é o seguinte. Você começa a pensar: "Puxa, não gostei dessa música. Mas todas as orquestras do mundo tocam. Todos os maestros do mundo regem. Estou aqui num país subdesenvolvido ouvindo num raro programa de música clássica *A Sagração da Primavera*. Será que o problema não é meu?" Eu procurei compreende-la, conquistá-la. Uma semana depois, ela virou Mozart para mim. Era tão bonita quanto a música de Mozart e tão fácil de ouvi-la.

Então o programa da Vera, que tinha como prefixo uma suíte do Bach, me ajudou muito. Fui muito influenciado por esse programa e, claro, por meu irmão. De início, não o acompanhava espontaneamente aos ensaios. Eu era menino, não tinha independência para ficar na rua. O Assis nasceu em 1914, era onze anos mais velho. Depois, ele foi contratado pela rádio Gazeta que se orgulhava de ter um grande elenco de intérpretes da música lírica. Mais tarde, eu tive lá o meu primeiro emprego. Fui contratado como copista. Não lembro bem o ano, se 1940, 1943. Pouco tempo depois, fui substituto do Assis no primeiro Coral Paulistano, lá no Theatro Municipal, que tinha sido fundado pelo Mário de Andrade. O Theatro Municipal tem dois corais. Um deles é o Paulistano. Para fazer grandes espetáculos e importantes concertos, se juntava os dois. Era o Coral Municipal. E quando o Assis saiu, foi morar no Rio de Janeiro, já entrei. Tinha voz de tenor, tomei aulas com o professor dele, o Francisco Murilo e logo estava cantando no Coral Paulistano onde aprendi muito. O coral foi criado em 1936 pelo Mário de Andrade e teve, entre os maestros, o Camargo Guarnieri, que também era famoso compositor, o Fructuoso Viana, o Miguel Arquerons.

Os Ensinamentos de Koellreuter

Quando entrei no Coral Paulistano, naturalmente eu tinha que lapidar as coisas, o meu conhecimento. Tive aulas com alguns professores, até com Camargo Guarnieri. Mas, modéstia à parte, apesar dos professores que eu tive, eles não me satisfaziam. Duas ou três aulas depois, achava que sabia mais que eles. Mas, por causa do Coral Paulistano, era obrigado a ler música, as notas. Se você não sabe solfejo, não consegue ler. Foi aí que comecei a levar as coisas mais a sério. Quando tive o meu emprego na rádio Gazeta, conheci o Orestes Farinello, que se tornou o meu importante professor de contraponto.

O compositor Igor Stravinsky
Hans-Joachin Koellreuter

Depois, o grande professor meu foi o Hans-Joachin Koellreuter. Um alemão que veio para o Brasil em 1937 por causa do nazismo e que, aqui, formou uma infinidade de bons músicos brasileiros na escola dele, ali na rua Sergipe que também apresentava concertos. O Koellreuter foi de uma importância fundamental na minha vida. Porque ele tinha uma formação alemã e uma cultura geral fantástica, e me incentivou a me ligar às outras artes: cinema, teatro, literatura e a poesia sobretudo. Fiquei conhecendo os irmãos Campos, Augusto e Haroldo, e depois o artista plástico e crítico Waldemar Cordeiro, a obra deles, através da escolinha do Koellreuter que exigia de nós uma cultura geral a mais abrangente possível. Lembro disso quando vejo uns músicos que, nesse sentido, são lastimáveis. Como é que o sujeito pode ser músico, se nunca leu um livro? Ser maestro sem cultura geral, como é que ele vai interpretar composições de épocas diferentes sem o conhecimento das mesmas, sem a cultura geral necessária? É quase um trabalho de cego. Mas, hoje, aqui no Brasil, a gente tem mais maestros do que habitantes.

Profissionalmente, o meu primeiro trabalho foi no Coral Paulistano. Até hoje tenho registro na prefeitura. E ganho uma aposentadoria e tanto (*rindo*) que mal dá para pagar a conta telefônica. Eu participava dos concertos e óperas que se agendavam no Theatro Municipal e em teatros de bairros de São Paulo. Como o João Caetano, o Arthur Azevedo, o Leopoldo Fróes. Não lembro do primeiro concerto, mas recordo que fiz o papel de anjo em uma cantata do Francisco Mignone. Fazia o anjo, imagine (*rindo*). Mas de *smoking*. Acho que eu tinha uns 18, 19 anos.

Maria José de Carvalho (à esq.), Nilsa de Freitas Borges, Klaus Dieter Wolf e Diogo Pacheco

Maria José de Carvalho

Não sei exatamente quantos anos, mas permaneci muito tempo no Coral. Lá, conheci Maria José de Carvalho, a minha primeira mulher. Ela foi muito importante na minha vida. Era sete anos mais velha. E eu tinha cara de garoto, aparentava menos. Quando a gente ia ao cinema em filmes proibidos para menores de dezoito anos, eles me barravam. Uma vez em Porto Alegre, numa loja, o proprietário falou algo sobre "a senhora sua mãe". Expliquei ao homem que estranhou. Mas ela não deve ter gostado muito.

A Maria José era professora de dicção e interpretação da Escola de Arte Dramática, que depois passou a fazer parte da USP – Universidade de São Paulo. E era crítica de teatro do jornal *O Tempo*. Em função disso, ela tinha que assistir a todos os espetáculos apresentados em São Paulo. E eu ia junto, o que ajudou muito na minha formação e o meu gosto sobre teatro. Isso foi no começo dos anos de 1950. Vi, por exemplo, *Ralé*, de Gorki, que tinha os melhores atores do Brasil atuando. Como Paulo Autran, Ziembinski, Maria Della Costa. Ainda em 1951, vi *Seis Personagens à Procura de um Autor*, do Luigi Pirandello, sob a direção do Adolfo Celi. E acabei convivendo com esse pessoal todo porque a Maria José era professora de dicção e era professora de quase todos grandes intérpretes que atuavam na época. O Lima Duarte me disse uma coisa muito engraçada: ele acha que, de todos os atores brasileiros, é o único que não teve aula com ela.

A Maria José, que morreu em 1995 aos 76 anos, era uma mulher muito culta, muito inteligente. Era também tradutora. Traduziu criações do escritor francês André Gide. E eu fui na onda dela. Foi ótimo, me abriu novos horizontes. A leitura, por exemplo. Ela tinha uma biblioteca maravilhosa e um imenso piano de cauda na sua casa, lá na rua Silva Bueno, no bairro do Ipiranga, onde, quase todas as noites, fazia reuniões artísticas. E eu já tinha essa mania dos saraus porque a mamãe também os fazia, reunia gente lá em casa. Naquela época muita gente tinha um piano de cauda. Mas lá em casa era um pouco diferente porque era a família que cantava, tocava. Já na casa da Maria José, a gente fazia reuniões... tertúlias culturais. Uma vez por semana, pelo menos, a gente se reunia para ouvir música, ou para ler textos, ler poesias.

Além disso, na minha formação cultural conta também a escola na infância e juventude. Depois do Grupo Escolar Amadeu Amaral, lá perto de casa, fui estudar no Colégio do Carmo. Foi lá que fiz o ginásio. Naquela época era tudo diferente. Tinha latim. Lembro que a gente tinha que ir para a frente da classe e ficar lendo trechos de antologias que não eram só dos melhores escritores brasileiros, mas estrangeiros também, do mundo todo. Lia Fernando Pessoa e aquela coisa toda... Então, a escola era ótima, bem melhor, comparada com as de hoje, pelo que a gente lê nos jornais. Uma diferença espantosa. Isso me ajudou muito porque sempre tive muita curiosidade pela arte em geral.

Lembro também de outra mulher notável na minha iniciação cultural: a Teté Mesquita. Assim era conhecida a Esther Mesquita, que hoje é nome de praça e de teatro em São Paulo. Era irmã do Julio de Mesquita Filho, diretor do jornal *O Estado de S. Paulo*, o *Estadão*, e do Alfredo Mesquita, sujeito importante na história do nosso teatro. Ele fundou a Escola de Arte Dramática, a EAD, que era quase em frente a casa dela, na rua Maranhão. Ela que provia a EAD. Toda a noite, era Tetê que mandava uma sopinha para os alunos. E quando a empregada fazia bom-bocado, mandava para mim. Era uma coisa louca, botava na boca... Era demais. Até a lembrança me deixou com água na boca. O Fernão Mesquita, um dos filhos do Ruy Mesquita que foi diretor do *Jornal da Tarde* durante muitos anos, em certa ocasião me falou desses bons-bocados. Disse que a empregada da Teté que fazia, estava com uns 90 anos e ainda produzia esses doces. E que ia me mandar. Não deu outra. Um dia, chegou um motorista aqui em casa trazendo um pacote. Era os bons-bocados. Junto, uma carta, um bilhete do Fernão: "Para você comer ouvindo *Quatro últimas canções,* de Richard Strauss com Jessye Norman". É aquela maravilhosa cantora lírica americana, uma negra exuberante. Não tive dúvidas. Coloquei a gravação com a Jessye, que é de 1983, liguei e sentei no chão onde fiquei comendo os bons-bocados e ouvindo *Vier Lietzer Lieder,* que é o título original de *Quatro Últimas Canções*. O meu filho, que naquela época morava comigo, estranhou: "Pai, você está louco?", disse. A Elza, Muniz, minha mulher, também se surpreendeu. Expliquei que estava ouvindo a Jessye Norman e as origens do bom-bocado. Dei um para ela que deu a primeira mordida e disse: "Lá em Moji das Cruzes tinha um igualzinho." (*Rindo*) Ela, depois me trouxe uns bons-bocados, mas era de padaria, vagabundo, não se comparava com os da Tetê.

Casei com a Maria José legalmente. A família não reagiu muito bem. A diferença de idade, ela sete anos mais velha, era algo incomum na época. Casei no religioso e no civil. Na igreja, o padre perguntou se a gente queria que fechasse a porta da igreja. Achei estranho. E o juiz da cerimônia civil também mostrou espanto. Eu tinha uma cara de menino. Mal aparentava 18 anos. E ela já era uma senhora. O casamento durou cinco anos.

Com Alfredo Mesquita
Elza Muniz, mulher de Diogo Pacheco

Diogo em um de seus primeiros ensaios

Da Crítica a Regência

Mas voltando a Maria José, quando eu a conheci no Coral Paulistano; ela cantava. Era contralto e eu era tenor. Como era crítica do jornal *O Tempo*, ela me apresentou ao editor-chefe, o Sachetta, para eu fazer críticas de música. A Maria José escrevia sobre teatro, eu sobre música e o crítico de cinema, sabe quem era? O Luis Carlos Bresser Pereira. Esse mesmo que foi ministro da área econômica nas presidências de José Sarney e do Fernando Henrique Cardoso. Teve até um plano econômico com o nome dele. Lembro que, uma vez, que fui a um cinema de arte na rua Augusta, estava passando um filme do Glauber Rocha, não lembro qual. Gostava muito do que ele fazia. Cinema quase lotado, quando a exibição acabou, acenderam-se as luzes, só estavam eu e o Bresser Pereira.

Fazendo críticas de música em *O Tempo*, tive problemas terríveis na prática musical. Um foi no primeiro ensaio para a minha estreia na regência da orquestra no teatro Municipal. Morava na avenida 9 de Julho, bem perto do teatro, fui a pé e, lá chegando, tremendo feito uma vara verde, subi no pódio. Sempre que o regente entra, ele pede para afinar a orquestra. Tremendo, pedi: "Por favor, me dê um lá". Ai, o moço que era o segundo fagote, se chamava Garini, me disse: "Não vai dar. Tem um camarada no jornal que meteu o pau na gente, no Cortese, que é o primeiro flautista. Não vamos dar o lá." Imagine o meu estado, esse escândalo. Ai, um pouco sem vergonha... – aprendi com o Eleazar de Carvalho algumas coisas com ele no trato com os músicos. Aliás, tudo o que sei sobre regência de música aprendi com Eleazar. Bem, aí eu disse aos músicos que realmente tinha cometido alguns desatinos nos meus textos, falei aquelas coisas todas. "Vocês têm toda a razão. Eu era muito jovem e o senhor deve ter sido jovem, impetuoso. Quero registrar as minhas desculpas e peço que relevem. Por favor, um lá". Depois que falei aquelas coisas todas, finalmente ele deu o lá. Quando comecei a reger... O músico é muito safado. Não todos, é claro. Mas comecei a pegar os erros, aqui e acolá. Era uma peça difícil, o primeiro concerto do Alberto Ginastera, um argentino que fez música erudita em pleno século vinte. Ele começou a se fazer notar com balés em 1940, quando tinha vinte e um anos. Eu parava a orquestra dizia: "Viola, está enganado. O ritmo não é bem esse. É em si bemol." Pouco a pouco fui conquistando os músicos pela minha capacidade. O concerto terminava com o *Bolero de Ravel e, na estreia, o público aplaudia de pé, berrava.*

Eleazar de Carvalho: a Vaia e o Estímulo

Antes de ir para os Estados Unidos em 1959 depois que o Eleazar de Carvalho me deu uma bolsa de estudos, eu já tinha regido mais de cinquenta corais. Mas olha só a ironia da vida. Eu tinha vaiado o Eleazar que era um nome prestigiadíssimo entre nós, depois de ter estreado na Europa e de ter sido assistente do Sergei Koussewitzky nos Estados Unidos. Foi num concerto no Teatro de Cultura Artística, em São Paulo. Ele regeu *E Assim Falou Zarathustra*, de Richard Strauss. Aquela música que o Stanley Kubrick popularizou em *2001, Uma Odisseia no Espaço*. Ele começou a reger e eu passei a vaiar.

Era um concerto da OSB, Orquestra Sinfônica Brasileira. Ela vinha do Rio todo mês a São Paulo para se apresentar. E esses concertos, em geral, não ofereciam boa qualidade pelas próprias condições em que aconteciam. Eram muitas as dificuldades dos músicos em viajar e chegar aqui em cima da hora, ir direto para o teatro ensaiar e no mesmo dia, tocar a música sem o devido repouso, a concentração necessária para os concertos.
O que me lembro é que a execução de *Assim Falou Zarathustra* não foi muito boa. Eu era muito pernóstico e, descontente, comecei a vaiar. Fui expulso do teatro. Lembro que o Nicanor Miranda, que era o presidente da Associação Paulista de Críticos Teatrais, veio me repreender. Aliás, fui repreendido por toda a classe. Em primeiro lugar pela vaia em si. Uma grosseria. E em segundo, como crítico, vaiar um ícone da música no Brasil. Vaiar o grande Eleazar de Carvalho não foi legal. Hoje, me arrependo do meu gesto.

Eleazar de Carvalho entre o violoncelista Italo Babini e Diogo

Mas ele mostrou uma incrível grandeza. Mesmo sabendo da vaia, me arrumou a bolsa de estudos para os Estados Unidos, se empenhou em me dar uma bolsa para a famosa escola de Tanglewood, dirigida pelo Koussewitzky. Um professor de lá, o Hugh Ross, estranhou. "Como senhor pode dar uma bolsa para alguém que o vaiou no teatro?" Mas Eleazar manteve a decisão. Entre os que estudavam comigo estavam o russo Lee Kovalenk, o José Cerebrier e o Fabermard que é percussionista da Sinfônica de Boston.

Antes de ir, recebi um telegrama onde dizia que deveria estar tal dia, tal hora lá em Boston, onde aconteciam os concertos. Aquela coisa de americanos, organizados, pontuais ao contrário de nós, brasileiros. Tenho o telegrama guardado aí, até hoje. Tomei um avião para Nova York, nunca tinha ido para lá. Hoje já fui umas... 80 vezes. Chegando lá, seguindo as instruções, fui para a Grand Central Station e tomei um trem para Lenox, a cidade onde está a escola de Tanglewood. Chegando lá, a primeira pessoa que vejo é o Eleazar de Carvalho me esperando. Atencioso e firme, me levou até a escola, me mostrou e depois disse: "Amanhã, ensaio da *Primeira Sinfonia* de Beethoven." Passei a noite em claro estudando a partitura.

Foi aí que começou de vez o meu prestígio. Ganhei lá o mesmo prêmio que, em 1959, um ano antes, o Zubin Mehta havia ganho. O Claudio Abbado, com 25 anos, em primeiro lugar e o Zubin em segundo. É claro que muita gente achava que eu ganhei o prêmio por causa do Eleazar, de sua influência, e não por meus próprios méritos. Foi um período maravilhoso de aprendizado e convivência onde conheci Aaron Coopland, o grande compositor e maestro americano.

Aulas em Tanglewood, sob a visão de Eleazar de Carvalho (à esq.)

Diogo com o compositor Aaron Coopland
Primeiros ensaios como regente em Tanglewood

First
Breitkopf & Hartels Orchesterbibliothek

Com o violoncelista Ítalo Babini

Com o percursionista Fabermard, o futuro maestro Seiji Ozava e Eleazar
Eleazar de Carvalho, Diogo e vários colegas em Tanglewood
Com Eleazar de Carvalho e uma visitante ilustre em Tanglewood

Divulgação e Estreia

Sempre me preocupei com a divulgação da música. E eu achava que havia muito pouca divulgação da música anterior a Bach e posterior a Wagner, ao neorromantismo e essa coisa toda. Então com a minha cultura em geral, com a formação adquirida com Koellreuter e com os meus conhecimentos de música, achei que era muito importante mostrar ao público a música da Renascença e da Idade Média, que era pouquíssimo conhecida. E a música moderna que ninguém tocava aqui. Então, eu e mais algumas pessoas, como a Maria José de Carvalho, o Alfredo Mesquita que era diretor da Escola de Arte Dramática de São Paulo, o Sanson Flexor que era um pintor e o Gianni Ratto que era diretor de teatro, nós fundamos o movimento Ars Nova que fez História. Tinha também o Klaus-Dieter Wolff, um alemão que desde 1936 estava no Brasil. Ele estudou com o Koellreuter. Era regente de corais e cantor, um baixo. Morreu jovem, aos 48 anos. Foi muito importante. Juntos, nós partimos para a divulgação da música anterior a Bach e da posterior aos românticos. E aí tivemos dezenas e centenas de primeiras audições. Isso foi na Bahia. Por que, além da escola da rua Sergipe em São Paulo e dos cursos que criou em Teresópolis, no estado do Rio, foi em Salvador que o Koellreuter tinha fundado um seminário de música patrocinado pela reitoria da universidade de lá. Era algo semelhante a Tanglewood e ao festival de Campos do Jordão, aqui no estado de São Paulo.

E foi na Bahia também que regi pela primeira vez. O Isaac Karabitchevski também, o Henrique Gregóri também... Nós não tínhamos casaca. O Koellreuter emprestou a dele. No meu caso, emprestou também os sapatos. Eu não tinha e os dele eram um número menor dos meus. Fiquei com uma dor terrível nos pés.

O engraçado é que estreei com a *Sinfonia da Despedida*, de Franz Joseph Haydn. Nessa composição difícil de 1772, o Haydn escreveu de um jeito que ele vai mandando embora, devagarinho, os músicos. É impressionante. No último dos cinco movimentos, um adágio, vão saindo os fagotes, os oboés...

Diogo Pacheco, crítico do jornal O Estado de S.Paulo

Só fica o spala. O regente vai embora e antes de acabar, o spala fica ali, no palco, tocando alguns compassos. Eu saio de cena. E ao invés de sair pela coxia, desci para a plateia e saí em meio dela pelo corredor. Sempre fui um pouco exibicionista. E fui embora direto pela rua. Depois que já estava na entrada do teatro, ouvi os aplausos e, claro, voltei para agradecer.

Eu regi essa sinfonia também em São Paulo na época em que o Eleazar de Carvalho me convidou para ser seu assistente na Orquestra Sinfônica do Estado. Foi depois que voltei dos Estados Unidos, do prêmio que ganhei em Tanglewood. Ele me convidou e durante mais de dez anos ocupei esse cargo. E logo nas primeiras regências, em 1961, ganhei o prêmio de Regente do Ano da Associação Paulista de Críticos Teatrais. Mas assim que regressei de Tanglewood, a minha primeira regência aqui foi o *Concerto para Piano e Orquestra*, do Alberto Ginastera, com o João Carlos Martins. Foi um sucesso retumbante.

Não posso esquecer que, quando fui para os Estados Unidos, o jornal *O Estado de S. Paulo* me ajudou muito. Eu já estava lá, escrevendo minhas críticas e meus artigos. Quando viajei, o Luis Carlos Mesquita, mais conhecido como Carlão, filho do Julio de Mesquita Filho e responsável pela parte de arte do jornal, ele enviava todos os meses o meu salário. Fui com bolsa americana, mas não perdi o salário que fazia jus trabalhando aqui. O Carlão foi muito generoso. Acho que comecei no *Estadão* em fins dos anos de 1950. Entrei pelas mãos do Delmiro Gonçalves, ator que se tornou editor de teatro do jornal. Na época, tinha o Sabato Magaldi, Ele fazia em relação ao teatro, o que eu fazia sobre música: noticiarista. O crítico de teatro era o Décio de Almeida Prado, maravilhoso. Aprendi muito com ele. E tinha também o Rubem Biáfora escrevendo sobre cinema.

Outra atividade que me orgulho muito foi a de ter lecionado no SENAI da rua do Manifesto, no bairro do Ipiranga, em São Paulo. Eu formei um coral com estudantes e... Qual era a profissão do presidente? Metalúrgicos. Então, fiz um coral de estudantes e operários metalúrgicos. Até fiz uma pesquisa para ver se o Lula estava entre os meus cantores. Mas ele não poderia cantar com aquela voz (*imitando-o*). E eu fazia os operários cantarem em francês, inglês, espanhol. Músicas da Renascença, que era a minha especialidade na época.

Assistindo jogo da copa do mundo na redação do Estadão. Atrás de Diogo, de óculos, Delmiro Gonçalves. E atrás deste, com a mão no queixo , Wladimir Herzog

As Lições de Magdalena Tagliaferro

Outra grande lição de vida que tive em relação à música foi no Theatro Municipal de São Paulo quando regi a orquestra acompanhando a pianista Magdalena Tagliaferro. Ela me convidou. Uma honra enorme. Afinal, era um mito, admirada por gente como Maurice Ravel, Fauré. Começou como menina prodígio e havia recebido a *Legion de Honneur* (legião de Honra), a mais alta condecoração francesa. Fui com muito medo, pois era a primeira vez que eu regia um nome internacional. Depois da minha estreia como regente, o Caldeira Filho que fazia críticas no *Estadão*, escreveu no fim de seu texto: "Há algo certo no reino do Brasil." Era eu. Uma crítica maravilhosa, ainda mais vinda do Caldeira que tinha o hábito de ser muito exigente, não era simpático a todo mundo. Me sentia seguro, mas, mesmo assim, tremi quando veio o convite da Magdalena, ainda mais que as peças escolhidas, um concerto de Ravel e o número dois de Rachmaninoff, são bem difíceis. Principalmente o de Maurice Ravel.

Porém, ela me ensinou muito. Nossa relação acabou sendo maravilhosa. Mas com dois momentos de tensão. Para o regente, o concerto do Rachmaninoff é muito mais fácil de estudar que o de Ravel. Principalmente para acompanhar uma pianista como ela, que já tinha tocado essa peça várias vezes. Mas eu fiz um erro em um momento da execução, quase ao final. Constrangido, fui pedir desculpas. "Puxa vida, justo com a senhora eu fui fazer essa besteira." Ela, meiga, respondeu: "Isso acontece, não se preocupe." Quando chegou o concerto do Ravel, a Magdalena errou, teve um pequeno momento de desconcentração. Depois, veio se desculpar comigo. Eu respondi. "Isso acontece, não se preocupe." E caímos na risada. Posteriormente a entrevistei para um programa de TV que eu fazia e assisti a várias aulas maravilhosas que ela costuma dar de vez em quando no Theatro Municipal. Aprendi muito com ela.

Apreendendo com Magdalena Tagliaferro

As Óperas e a Inovação

Adoro óperas e regi muitas. Mas só comecei a regê-las depois de estudar em Tanglewood. A primeira ou uma das primeiras foi *La Traviata*, de Giuseppe Verdi, com um elenco inteiro campineiro. O teatro era em Campinas, a orquestra era de lá. E a soprano Niza de Castro Tank, que é de Campinas, me ajudou a escolher o elenco. Niza ja tinha feito várias *Traviatas* e conhecia muito bem a ópera. Fiz três espetáculos com ela e com três tenores em récitas diferentes. Cada um cantou em cada récita.

Sempre gostei de ópera por influência de meu irmão Assis. Já falei de *La Bohème*, regi umas oito vezes. Regi *Macbeth*, de Verdi, em espetáculo que também tinha elenco estrangeiro, o Antonio Boyer no papel título. Regi *I Pagliacci*, do Leoncavallo, *L´Elisir D´Amore*, do Donizetti...

Aliás, quando dirigi a temporada de 1971 no Theatro Municipal de São Paulo, fui o regente mais vaiado. Foi na prefeitura do Figueiredo Ferraz. Não regi todas as óperas, mas dirigi a temporada, com preços populares, e convidei muitos diretores de teatro para cuidarem da encenação. Alguns aceitaram e fizeram. Como Ademar Guerra, Silney Siqueira e Gianni Ratto. Só não realizei o meu sonho que era levar o Antunes Filho para dirigir uma ópera. Acho ele um grande diretor. Naquela temporada , houve muita inovação cênica. Como no *Elixir*, em que o Gianni Ratto teve a feliz ideia de colocar o coral no poço da orquestra. Justamente para não atrapalhar a movimentação no palco que foi frenética, divertida. Algo inusitado E alguns puristas não gostavam dessas modificações, então me vaiavam sabendo que eu era o responsável por toda essa liberdade de criação que antes não existia no Municipal.

Inovei também promovendo a nossa música contemporânea. Fiz as primeiras audições do Willy Corrêa de Oliveira, do Gilberto Mendes. E nunca citam isso. Lembro que tinha uma peça do Willy Corrêa de Oliveira, um pernambucano incrível. Chamava-se *Ou Viver a Música. Ou Vi Ver a Música*. Assim, jogando com as palavras. Era tudo meio improvisado. Então, eu dava a entrada para a orquestra que soava um acorde qualquer. Em cima desse acorde qualquer,

Programa de O Elixir do Amor

tricot-lã têxtil s.a.

VISUARTE

São Paulo, 23 de Outubro de 1971 — às 16 horas

— ÓPERA 71 —

PREFEITURA DO MUNICIPIO DE SÃO PAULO
SECRETARIA DE EDUCAÇÃO E CULTURA
DEPARTAMENTO DE CULTURA

«O ELIXIR DE AMOR»

Música: GAETANO DONIZETTI — Libreto: FELICE ROMANI

PERSONAGENS:	**INTÉRPRETES:**
Adina	EDMAR FERRETTI
Nemorino	AIRTON NOBRE
Belcore	ANDRÊA RAMUS
Dulcamara	EDILSON COSTA
Giannetta	REGINA DE BOER
Cupido	PAOLA CRISTINA ANDREAZZA KRÜGER

Regente: **DIOGO PACHECO** — Encenador: **GIANNI RATTO**

Preparador: Paulo Herculano	**Diretor do Côro** Marcello Mechetti	**Coreógrafo:** Johnny Franklin	**Cenário e figurinos:** Gianni Ratto
Cenotécnica chefe: Francisco Giaccheri	**Cenot. Assist.** Salvador Ceballos	**Produção Executiva** Romano Domingues	**Contra-regra** A. Assumpção
Chefe costureira: Mathilde G. Adas	**Chefe eletricista:** José Manço	**Perucas:** Arnaldo Moscardini	**Aderêços e chapéus:** Maria C. de Alencar
Flôres Lourdes Nami Adas	**Maquiador:** Leontij Tymoszczenko	**Alfaiate:** Argemiro de Campos Ferreira	**Artesan. em couro:** Hugo Phernando

ORQUESTRA SINFÔNICA MUNICIPAL
CORAL LÍRICO MUNICIPAL
CORPO DE BAILE DO TEATRO MUNICIPAL

Participação dos membros da Orquestra Jovem Municipal dirigida por Samuel Kerr

Os figurinos foram confeccionados com tecidos gentilmente cedidos por GABRIEL CALFAT S.A.

AGRADECEMOS à:

Sr. ROBERT PETERS — ANSELMO CERELLO — BALLET DO CENTRO — INTECE S.A. — «O ESTADO DE S. PAULO»

um músico improvisava. E numa hora, sem querer... Nada era combinado. Numa hora entrou um acorde em dó maior. Aí, o pianista imediatamente tocou uma sonata de Mozart. E uma mulher, na plateia, levantou irada. Falou em voz alta: "Não toquem no meu Mozart." Foi o espetáculo mais fantástico no Municipal porque os jovens gostavam muito e aplaudiam. Já os tradicionais, os caretões, não gostavam, eles pegavam os programas, faziam bolotas e da plateia atiravam em nossa direção. Os jovens subiam no palco, pegavam as bolotas e atiravam no público. Foi uma guerra de bolotas de programas interessantíssima. Eu fui muito vaiado, mas acho que fiz muita coisa importante.

As Relações nem Sempre Fáceis

No começo das minhas regências de ópera, não era fácil enfrentar as *prima donnas*, certos cantores temperamentais. Lembro de um em *Pagliacci*, de Leoncavallo. O diretor cênico que era o Celso Nunes, tinha feito uma marcação em que o tenor cantava a famosa ária *Vesti La Giuba* entrando pelo lado direito do palco e lá permanecendo. E quando vou dar a entrada para ele no primeiro espetáculo, olho e nada; o sujeito me vem pelo lado esquerdo. Fui dar uma bronca e ele me respondeu: "Tinha medo porque me disseram que aqui em São Paulo a voz se projeta mais no lado esquerdo." Então ficou o foco de luz iluminando nada e o imbecil cantando no outro lado porque, na galeria, foram dizer para ele que na esquerda a acústica era melhor.

Então, cantor de óperas, quase sempre foi meio problemático. Mas tem gente legal. Por exemplo, quando produzi aquela temporada de 1971, o Ademar Guerra fez durante um mês leitura do texto de *Cosi Fan Tutte*, do Mozart, sem música. Não era habitual. E os cantores, alguns protestaram. "Eu quero cantar", diziam. E ele respondia. "Para você cantar, tem que conhecer bem o que você está cantando. Tem que aprender a andar, a representar." A roupa era diferente, especial, então ele fazia um ensaio com as roupas, com posturas. Esse tipo de direção nunca tinha sido feita aqui. Mas como eu viajava muito e via na Europa e nos Estados Unidos diretores como Luchino Visconti e Franco Zeffirelli dirigindo óperas, achei que um bom caminho aqui, seria convidar diretores de teatro para dirigir óperas. E foi o que eu fiz. Lembro que convidei o Maurice Vaneau, mas não consegui convencê-lo. Houve muita gente contra. Ele começou, mas se aborreceu e saiu no meio da preparação.

Eu sempre me relacionei bem com a ópera. A minha formação, como disse, era toda de opera. Depois vieram as sinfonias. E eu tinha vontade de conhecer todas as óperas de cor. E como era fã de teatro e falava italiano muito bem, e boa parte dos músicos era descendente de italianos, eles entendiam o idioma. Então, eu dominava a língua e a música. Ficou fácil para mim. E o meu irmão Assis, como era amigo de todo mundo, ficou mais fácil ainda.

Mas havia incidentes, como esse que você lembrou da *Aida* com o Assis Pacheco. Eu parei a orquestra e fiquei esperando a cantora que fazia Aida entrar. Estava atrasada. Outro foi quando fiz uma *La Traviata* no Rio de Janeiro com a Diva Pieranti. Uma grande cantora, uma mulher lindíssima, uma diva autêntica que fazia a prostituta Violeta. Eu queria um andamento e ela queria mais devagar. Parei o ensaio e pedi para ela ir ao meu camarim no intervalo. Ela foi e eu então lhe disse. "Olha, quero lembrar-lhe que no segundo ato a senhora já não é mais uma prostituta. Então, tem que seguir o Verdi. O maestro Túlio Serafim falou para a Maria Callas, quando ela lhe perguntou como deveria fazer determinada cena. Siga o que o Verdi disse. E pronto, assim que tem que ser." Ela acatou a minha observação. Mas se não acatasse , botava a orquestra em cima dela (*rindo*).

A coisa mais complexa que tem em música é reger uma ópera. É realmente muito difícil. Uma vez, eu fiz uma pergunta para o Pierre Monteux, lá nos Estados Unidos. É um grande regente francês que esteve à frente de orquestras importantes, como a de Boston "Como é que a gente faz para acompanhar? Acompanhar é muito difícil." E ele respondeu. "Quando o solista é melhor que o maestro, você acompanha o solista. Quando o maestro é melhor que o solista, o solista obedece. E quando os dois são bons, eles discutem." Achei o conselho excelente. Com cantor de ópera é tudo muito difícil. Ele pensa mais na exibição da voz, do agudo.

Na época em que eu escrevia no *Jornal da Tarde*, ia estrear um tenor, o Sérgio Albertini. Seria no *I Pagliacci*, regido pelo Armando Belardi. E o Sérgio, que era motorista na Rádio Gazeta, havia sido soldado em Sorocaba. E como ele ia também interpretar um soldado na ópera *Carmen*, de Bizet, fui entrevistá-lo para o jornal, perguntando se ele buscou referências no soldado de Sorocaba para o soldado da *Carmen*. Fiz a matéria, o Mino Carta que era o editor do *Jornal da Tarde*, gostou e pediu para eu fazer com outros cantores a mesma coisa. Pensei no Constanzo Mascitti, era um barítono com uma voz fantástica. Ele ia fazer o toureiro Escamilo em *Carmen*. Perguntei: "Mascitti, o que que é o Escamilo?" E ele respondeu: " O Escamilo é o Escamilo." Insisti. "É um barítono.", disse. Continuei. "Eu sei que é um barítono. Mas qual é a importância do Escamilo? Ele gosta da Carmen ou da Micaela? Qual é a situação dele na ópera?" Mascitti afirmou: "Tem um Lá Bemol dificile de impostare". Quer dizer, de colocar. Ou seja, ele só estava preocupado com o agudo no lá bemol que tinha que dar. Mas se o Escamilo gostava de fulana

ou beltrana, qual era a situação dele na ópera, ele não tinha o mínimo interesse. Nenhum pela essência do personagem, do contexto. Esse é o grande defeito de, pelo menos, oitenta por cento dos cantores de ópera.

Mas tem alguns maravilhosos. Lembro, de imediato, o Fernando Portari. É um cara seriíssimo, sabe tudo. Vai preparado. Conversa muito com os repetidores. São os pianistas repetidores que acompanham as óperas, fazem os primeiros ensaios. O Fernando e a Rosana Lamosa não dão trabalho nenhum. Quando chegam no primeiro ensaio, eles já sabem tudo. Tenho um grande respeito pelo casal que já brilhou no exterior. Ela cantou *Rigoleto* nos Estados Unidos. Mas, sem dúvida, acho que essa postura está mudando para melhor com a nova geração, gente como o Roberto Alagna e a mulher dele, a Angela Georghiu, por exemplo.

Rosana Lamosa cantando Rigoleto em Detroit, EUA

Elizeth no Municipal

Levar Elizeth Cardoso para cantar no Municipal foi realmente algo inusitado. O problema é o seguinte. Pouca gente sabe e sabia naquela época, que as *Bachianas Brasileiras número cinco*, do Villa-Lobos, é baseada em um texto do escritor e poeta Manuel Bandeira. Exceto a Cantilena, na primeira parte, que é solfejada, não tem texto (*e canta*). Já a segunda parte aproveita um texto do Bandeira sobre passarinhos. E ninguém nunca entendeu. Porque cantor erudito, em geral, está mais preocupado com a emissão da voz do que com o texto que canta. E música, quando tem texto, tem que passar o texto. Não é só passar a melodia, tem que passar o texto. Então, nesse caso, achava que uma cantora popular teria a capacidade de transmitir o texto. Naquela época, em 1964, a Elizeth Cardoso era, para mim, a maior cantora de música popular. Eu a convidei e já no primeiro ensaio soltou a voz, enfatizou as palavras. (*cantarolando*) "Irerê meu passarinho do sertão do Cariri. E ele é meu companheiro..." Se entendia tudo.

Confirmei o convite e fui falar com a viúva do Villa-Lobos, a dona Arminda. E ela disse que ele aceitaria na hora.

Em 16 de novembro de 1964, estreamos no Theatro Municipal de São Paulo, depois fomos para o Municipal do Rio de Janeiro. Casas cheias. O Vinicius de Moraes, em uma revista do Rio, *Fatos & Fotos*, escreveu uma página inteira. A manchete da matéria era mais ou menos assim: "Elizeth encheu o Municipal de passarinhos." Belo título, porque a música realmente fala do irerê e de outros pássaros... Foi a coisa mais bonita que eu fiz na minha vida.

Completando o espetáculo, tinha *A História do Soldado*, do Igor Stravinski, com atuações do Paulo Autran, do Gianfrancesco Guarnieri e da Eva Wilma que, além de atriz, era também bailarina. Uma graciosidade incrível. A direção era do Flávio Rangel. E o Flávio fez uma coisa incrível e linda: ele fez a Elizeth entrar toda de branco com uma rosa vermelha na mão. Ela avançou e me entregou a rosa. Eu regi com a rosa na mão em vez da batuta. Foi muito bonito.

Elizeth durante o Concerto

págs. 58|59 Elizeth Cardoso ensaiando com o pianista Gilberto Tinetti e Diogo

Além da música do Villa tinha a poesia que Manuel Bandeira havia escrito.

TEATRO MUNICIPAL

AMANHÃ, DIA 30, ÀS 21 HORAS

Depois do extraordinário êxito do dia 16
DIOGO PACHECO apresenta
concêrto em homenagem a Villa-Lobos

ELIZETE CARDOSO
(BACHIANA N.º 5)

GILBERTO TINETTI
(BACHIANA N.º 4)

"QUINTETO DE SÔPRO VILLA-LOBOS"
(QUATUOR)

INGRESSOS À VENDA

Claro que enfrentei mil problemas com a presença de Elizeth nesses teatros. No Rio de Janeiro, umas cantoras líricas se reuniram e a convidaram para um jantar. A uma certa altura, disseram para ela: "Não se meta." Elas perceberam que, cantando as *Bachianas*, atraíam pouco público. Com a Elizeth, lotou o Municipal do Rio e de São Paulo, com mil e seiscentos, mil e setecentas pessoas cada vez. Uma loucura.

Eu devo isso tudo ao falecido e saudoso Max Feffer, empresário inovador no ramo de papel e celulose, que tinha dedicada proximidade com as artes e a música. Tanto que foi secretário da cultura no governo do Paulo Egydio Martins, na década de 1970. Era seu amigo e, certo dia, o encontrei numa casa de chá na praça Buenos Aires. Falei de meu projeto de levar a Elizeth Cardoso cantar no Theatro Municipal. "Mas não tenho dinheiro", disse. Naquela ocasião, eu tinha um carro pequeno, o Gordini. Ele perguntou quanto iria custar tudo isso. Respondi: " O preço do meu Gordini. Vou ter que vender meu carro para fazer o espetáculo." Naturalmente o Max perguntou quanto valia o meu Gordini. Dei uma cifra, o valor da época. "Três mil dólares." Ele respondeu: "Até três mil dólares, eu cubro. Se der mais, nós dividimos." Deu uns 12 mil dólares. Sobraram nove mil para dividir. Foi uma maravilha, a visão de um empresário. É o que falta hoje em dia no Brasil, empresários como ele. A maior parte não sabe ler nem um livro. O Max tocava piano, tocava trompete. Ele trabalhava no escritório da empresa dele, a Companhia de Papel do Grupo Suzano, tocando trompete. E tocava *jazz* muito bem.

Já com essa parte resolvida, passei para a preparação. A Elizeth já era uma grande cantora, estava com uns 44 anos, e desde 1936, com 16 anos, já era uma profissional do rádio. Mas era a primeira vez que interpretava uma música erudita. Para que ela aprendesse, convidei o pianista Gilberto Tinetti que me

Outro momento do Concerto
O sucesso se repete no Concerto no Rio de Janeiro

ajudou muito. Ele foi decisivo para ensinar a melodia. Além disso, passei para a Elizeth várias gravações que ela ouviu. Foi uma preparação cuidadosa. E o resultado foi fantástico. Pena que foi só em São Paulo e Rio de Janeiro. E não tive oportunidade de gravar. Só existe uma gravação pirata (ou amadora) feita pelo Thomas Farkas.

Depois do sucesso de Elizeth, fiz no Municipal um recital com a também cantora popular Alaíde Costa chamado *Alaíde Alaúde*, e mais tarde levei o Pedrinho Mattar para tocar *Rapsody in Blue*, do George Gershwin. É um concerto para piano e orquestra de 1924 que tem elementos de *jazz* em forma sinfônica. A Alaíde, acompanhada de um violonista que hoje está nos Estados Unidos, interpretava canções medievais e da Renascença, traduzidas pelo Péricles Eugênio da Silva Ramos e pelo Guilherme de Almeida. Foi também um choque. O fato delas cantarem no Theatro Municipal com um microfone, já botou os eruditos de cabelos em pé.

O Pedrinho, que estudou na escola da Magdalena Tagliaferro, se fez conhecido como acompanhante de cantores como Leny Eversong, Maysa, Chico Buarque. Tocou muito no João Sebastião Bar, acompanhando a Claudete Soares. Eu que inaugurei o João Sebastião Bar, com o pianista Artur Moreira Lima. Depois levei o João Carlos Martins, enfim, fiz uma programação de música clássica naquela boate da rua Major Sertório, que marcou época em São Paulo. Era engraçado, o pessoal ia de *smoking* toda segunda-feira ouvir a música e comer o famoso picadinho do Paulo Cotrim, o dono do estabelecimento. Eu fiz vários concertos lá. Era um ambiente muito gostoso.

Pedrinho Mattar ao piano, com Diogo e o maestro Souza Lima no ensaio de Rapsody in Blue

A Jovem Guarda

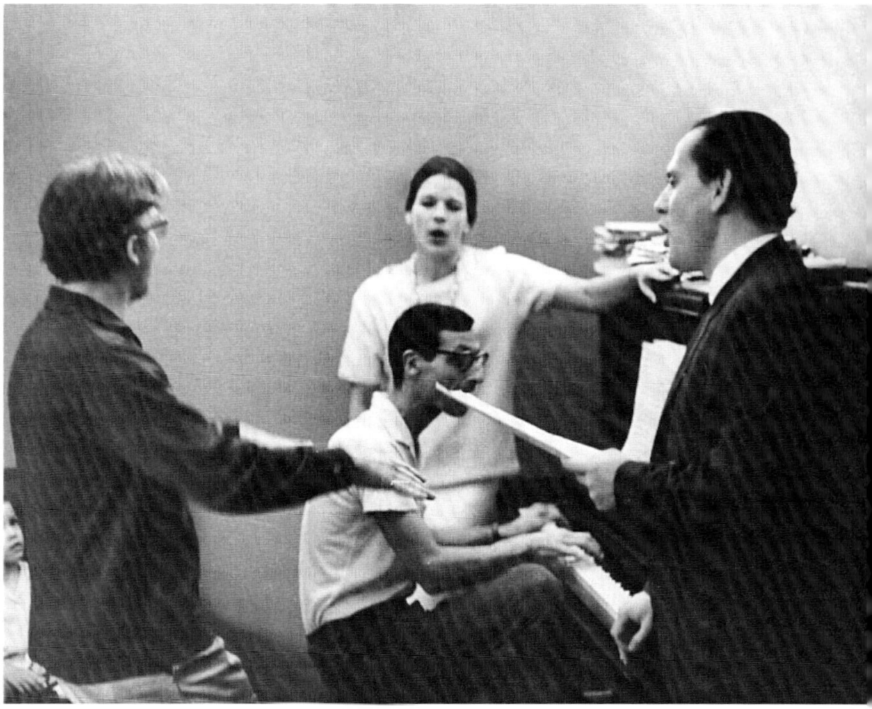

Nessa coisa de colocar o clássico e o popular juntos, foi muito importante depois eu ter feito *A Jovem Guarda em Estilo Clássico*. Foi um espetáculo em que os sucessos do Roberto Carlos, da Wanderléa e do Erasmo Carlos foram transformados em música de câmara com cantores eruditos como Stela Maris, Elídio Gonzáles e Zunglio Faustini. Eu regi uma pequena orquestra de câmara, mas tinha cravo e piano. Foi um sucesso louco. Aconteceu no teatro Maria Della Costa, o Sandro Apolônio que era dono do teatro, ficou doido. Os três assistiram a vários espetáculos, inclusive a dona Laura, mãe do Roberto. Este, na estreia, chegou atrasado e gritou: "Manda brasa, Mozart." A imprensa deu grande destaque, o *Jornal da Tarde* até perguntou em manchete: "Qual é a próxima, Diogo?" Passei a ser chamado de maestro barra limpa. Foi uma experiência maravilhosa. A Stela Maris cantou em ritmo de Bach,

Com Zunglio Faustini e o pianista Paulo Herculano ensaiando A Jovem Guarda em Estilo Clássico
Outro momento do ensaio de A Jovem Guarda em Estilo Clássico
Um encontro de trabalho com Vinicius de Moraes, Paulo Autran, Carlos Lyra, em pé Ciro Monteiro

Diogo regendo ao ar livre, em estádio
Dionísio Azevedo em um dos Concertos de Natal

No interior, principalmente, a gente conseguia mídia nas primeiras páginas dos jornais. Com esses atores, tinha uma mídia louca. Depois, as igrejas impõem respeito. E independente do gosto de cada um, não tem quem não se comova com as músicas eruditas e populares do Natal. Costumo incluir criações de Haendel, Mozart e, claro, canções conhecidas como *Adeste Fidelis* e *Noite Feliz*.

Isso sem falar nos corais que criei e regi como o Coral Crioulo, o Luther King, que tinha a hoje famosa e maravilhosa Céline Imbert, as aulas e corais que regi na FAAP (Faculdades Armando Álvares Penteado), o concerto no Memorial da América Latina com o Paco de Lucia...

Viagens e Divulgação

A divulgação sempre foi importante em minha vida, sempre foi uma das minhas atividades mais prazerosas. Em 1964, sob o patrocínio do Ministério das Relações Exteriores viajei para o exterior para divulgar nossa música. Sempre achei que eu tinha facilidade para divulgação da música em geral e da música brasileira em especial. E sabia que na Europa ninguém conhecia nossa música erudita, principalmente o barroco brasileiro. Aí, tive a ideia de, primeiro, divulgar a música barroca lá. Primeiro, fui a um amigo que trabalhava na embaixada da Áustria, o José Neistein, que conseguiu espaço numa emissora de rádio de lá. Mas na hora da entrevista, a rádio se recusou a transmitir as músicas porque os discos que levei tinham péssima qualidade. Isso me irritou profundamente. Esse é um dos grandes problemas do Brasil. Você não tem capacidade de gravar com qualidade. Não conheço um técnico de som aqui no Brasil. Quando fazia os meus concertos ao ar livre, por exemplo, me irritava muito com as suas intervenções, briguei com todos eles. É porque eles fazem o som pelo botão. Você faz um diminuindo, eles aumentam no botão. Você faz um crescendo, eles diminuem no botão. Eles esquecem que a dinâmica é uma das coisas principais da música. Toca mais forte, mais piano, mais suave. É isso que dá o colorido.

Por causa dessa má qualidade das gravações, não pude fazer plenamente as atribuições que eu tinha do Itamarati, cujo Ministro das Relações Exteriores era o Wladimir Murtinho. Na volta, tive que fazer um relatório e nem fiz.. Fui a vários países da Europa. Na França, cheguei a fazer uma conferência em francês. Uma petulância incrível. A minha sorte é que lá tinha um rapaz, o Vidal, que era vidrado em Villa-Lobos e que me ajudou muito.

Enfim, eu sempre achei que, na minha vida, eu tinha essa função de divulgar as coisas que considero importantes na música. Por isso, achei que tinha de ir à Europa divulgar algo que ninguém conhecia lá, que era a música brasileira do século XVIII. Nem a do século XIX conheciam muito bem.

Eu nunca pedi para fazer um concerto: sempre fui convidado.

Com Camargo Guarniei (à esq). discutindo projetos públicos de cultura

Se eu era convidado para reger uma sinfonia, ia fazer o concerto sinfônico. Se eu era convidado para uma ópera, ia fazer a ópera. Só fazia mesmo o que eu queria nos corais que eu fundei. Impunha o meu repertório ou escolhia o que devia ser divulgado. Uma vez, quando o Paulo Maluf era prefeito de São Paulo, não lembro quem era o secretário de cultura, fiz um projeto para divulgar os concertos do século XVIII e XIX. Mas naquela ocasião como em outras, em primeiro lugar, preciso saber o que o público precisa. Depois, em que condição vou dar o que esse público precisa. Se esse público, por exemplo prefere música dodecafônica, nós temos música dodecafônica para oferecer a eles. Não uma distorção. Hoje, não levo em conta o repertório, se é bom ou não. Primeiro, penso no que o público precisa. Segundo, se nós temos condições de oferecer ao público o que ele precisa. E terceiro, fazer.

Muitos anos depois de Tanglewood, depois que fiquei famoso (*ri*), por volta do começo da década de 1970, ganhei uma espécie de bolsa, uma viagem oferecida pelo departamento de estado do governo norte-americano. Junto comigo, viajou também a Esther de Figueiredo Ferraz, já falecida. Uma honra conhecê-la. Inteligentíssima. Ela viajou para ver o que lhe interessava na sua área, a educação. Advogada também, a Esther foi a primeira reitora da universidade Mackenzie e a primeira mulher a ocupar um cargo de Ministro no Brasil. Foi no governo do João Figueiredo, nos anos 80. Lembro de um fato engraçado, em Washington. Fui buscá-la para jantar, depois fomos andando pelas ruas, a pé. Chegando numa esquina, as ruas vazias, vi que um negro parou e não atravessava. E eu querendo atravessar, perguntei para ele. "Por que não atravessa? Não tem nenhum carro?" E ele apontou o sinal. "Está vermelho." E também ficou esperando. Essa consciência de respeito que nenhum brasileiro tinha, mas o americano, sim. Ele também tinha.

Nessa viagem, aconteceu um episódio fantástico. Fui a Santa Fé, cidade no estado do Novo México, assistir a reabertura de um teatro de ópera destruído por um incêndio. Convidado, me colocaram sentado ao lado de Greer Garson. Ela mesma, a grande atriz que ganhou o Oscar como a Mrs Miniver de *Rosa da Esperança*. Sempre fui fã dela. Começamos a conversar e assistimos a ópera, *L'Elisir D'Amore*, de mãos dadas. O curioso é que Greer é lembrada

por ter feito o mais longo discurso de agradecimento na entrega do Oscar; dizem que ela falou por cerca de 40 minutos e que, daí em diante, os discursos passaram a ser limitados a três minutos.

Recebi também do governo alemão uma bolsa, a *Internaciones*, que me possibilitava assistir aulas em várias cidades da Alemanha. Foi uma experiência fantástica. Vi a qualidade dos cursos de regência naquele país. Por exemplo, cinco alunos e o professor numa classe, diante de partituras do *Tristão e Isolda*, do Wagner. Partituras para cada instrumento: Flauta, clarinete, oboé e outros instrumentos... E o estudante de regência tinha que fazer a transcrição para piano na hora, cantar aquelas partes. Fantástico. Fiquei boquiaberto, eu jamais seria capaz de fazer aquilo. Convém informar que tem instrumento que toca com outra tonalidade. Escreve um dó, e é um si bemol. Por exemplo, trompa está em fá. Tem que fazer a transposição toda na hora, tocando. É uma coisa muito complicada, tem que ter muita capacidade para fazer.

Greer Garson em A Rosa da Esperança
Fazendo uma boquinha em Berlin

Programas e Comerciais

Com essa meta de divulgar a música, era necessário também me divulgar. E um comercial dá muita visibilidade. Daí aquele que eu fiz no final dos anos 1980, o do carro Opala Diplomata, foi atendendo a um convite do diretor Julio Xavier, que era um dos melhores da área. Fui convidado porque eu era bastante conhecido. Agora, minha participação não ficou só em aparecer. Eu escolhi as músicas e o grande achado foi a *Tocata e Fuga* de Bach, quando ele dá partida. Aquele comercial marcou, me tornou muito mais conhecido. Até hoje, o Faustão me chama de maestro diplomata. O engraçado foi na hora de estabelecer a remuneração. Fomos discutir e eu pedi um carro, que era mais ou menos o preço do cachê. O comercial foi para um festival internacional, mas o carro, como dizia o Collor, era uma carroça. Depois, eu fiz outro também para a General Motors. Mas com direito a música de Bach. Era do Opala, mas um Opala bem melhor. Não foi o Julinho que dirigiu. Foi outro cineasta, não lembro o nome. Também tocava música do Bach. Eu regia uma orquestra, chegava o carro, eu largava orquestra e entregava a batuta ao sujeito que trouxe o carro. Pegava o Opala e saía com ele. Troquei a música pelo carro.

Na Rádio Eldorado, durante dezoito anos apresentei um programa só de música clássica. A coisa que eu mais gosto de fazer em música: divulgar. Divulgar a música. E esse programa, lembro que o primeiro foi sobre Villa-Lobos. Tinha um discurso dele. Botei na rádio, uma emissora comercial, o Villa discursando. Começava assim: "No Brasil, a forma geográfica é de um coração. Todo Brasileiro tem esse coração. A Música vai de uma Alma à outra. Os pássaros conversam pela Música; eles têm coração. Tudo o que se sente na vida se sente no coração. O coração é o metrônomo da vida. E há muita gente na Humanidade que se esquece disso. Justamente o que mais precisa a Humanidade é de um metrônomo Se houvesse alguém no mundo que pudesse colocar um metrônomo no cume da Terra', talvez estivéssemos mais próximo da Paz. Por que se desentendem, vivem descompassados Raças e Povos? Porque não se lembram do metrônomo que guardam no peito: o coração. Foi fadado por Deus justamente no Brasil possuir uma forma geométrica de coração e haver um ritmo palpitante em toda a sua Raça..." É muito bonito.

A Visibilidade Global

Depois, na TV Cultura de São Paulo, fiz *Ligue para um Clássico*. O programa me deu muita visibilidade. Sobretudo no interior. Sou muito mais famoso no interior do que aqui. Mais tarde, apresentei na TV Globo o programa *Concertos Internacionais*. A minha experiência na Rede Globo foi extraordinária porque me deu uma visibilidade incrível. Eu conhecia o Boni, como é chamado e conhecido o José Bonifacio de Oliveira Sobrinho. Um dos principais criadores e inovadores da TV Globo a partir de 1966. A gente se conhecia do restaurante Esplanada Grill, bem perto de casa. E eu sempre falava mal da TV Globo no sentido de não ter um programa de música clássica. Um dia, recebo um telefonema da Rede Globo. Era ele que me disse: "Você sempre fala mal da TV Globo por não ter um programa de música clássica. Pois bem, vou querer que você faça aqui um programa Quero ver." Um desafio. Ele me mandou entrar em contato com o Maurício Sherman, diretor de programação. E lá fui eu, a convite do Boni, para fazer o *Concertos Internacionais*. Foi outro ponto alto na minha área de divulgação da música clássica na TV e no rádio. Eu já tinha feito um programa na Rádio Eldorado e o *Ligue para Um Clássico*, na TV Cultura, a TV Educativa de São Paulo. Esses programas me deram mais popularidade no interior. Sempre que viajo para me apresentar no interior, sou lembrado por esses programas. Isso é muito gratificante.

Fiquei dois anos na Globo. Eu fazia praticamente tudo. Escolhia as músicas e espetáculos a serem exibidos, escrevia o texto e era o apresentador. Fazia a ligação entre os vários recitais. Eles, da Globo, que me forneciam o cardápio, os programas adquiridos, comprados. Só se eu achasse muito ruim, podia vetar. Mas não foi necessário. Eram importados e eram caríssimos. Uma das razões que fizeram com que o programa terminasse foi esse alto custo.

O Fernando Gueiros era o diretor, ele que comandava tudo. Eu ficava decorando o texto e gravava umas cinco vezes. Aí, sempre com uma tesourinha na mão, ele chegava perto e dizia: "Tem um fio de cabelo seu fora de lugar". (*risos*) É o padrão de qualidade da Rede Globo representado pelo Fernando Gueiros que é uma das conquistas da minha vida, um amigo queridíssimo, meu e da Elza. O Fernando, que não tinha muita familiaridade com música clássica, hoje não para de ouvir no carro e em todo lugar.

Enfim, o *Concertos Internacionais* foi uma experiência extraordinária não só para mim, pessoalmente, mas para essa função que tanto prezo que é a de passar para os outros aquilo que eu sei. Sempre me preocupei em ser a ponte entre a obra de arte e o público. Por isso, regi muitos e muitos concertos ao ar livre, populares. Enquanto muitos maestros só regem e vão embora assim que terminam, eu costumo conversar com o público para explicar a obra, o compositor, antes do início da execução.

Outra experiência boa no campo da divulgação foi no Palace, uma casa noturna de *shows* que existia no bairro de Moema em São Paulo. O Fernando Altério, seu proprietário, entrou no clima de concertos. Eu dei a ideia e ele me apoiou. Então, tivermos ao vivo o Arthur Moreira Lima ao piano tocando concertos de Chopin, eu acompanhando com a orquestra, tivemos Beethoven, Schumann, alguns com recordes de público. Foi uma maravilha.

Mas uma das maiores emoções na minha vida foi por causa do programa da Globo. Eu estava em um táxi no Rio de Janeiro, o carro parou num sinal. Veio um mendigo que pediu esmola ao motorista. Ele disse não. Aí, o mendigo me viu, olhou para mim e disse: "Que música bonita que o senhor toca a noite na Globo." Quer dizer, um mendigo que de dia saía pela rua, ficava acordado a noite, vendo e ouvindo o programa de música clássica. Fantástico. Mas não dei nenhuma esmola (*ri*).

Às vezes, deixava de pagar conta em restaurante por causa desse programa. Uma vez, em um restaurante, o garçom chegou pra mim e disse: "Vejo o seu programa toda segunda-feira." Fiquei meio desconfiado, achei que era adulação pura e provoquei. "O que você viu na semana passada?" Ele nem pensou: "O senhor apresentou aquele aleijado que toca violino." De fato, era o Isaac Perelman, aquele violinista genial que tem enorme dificuldade para se locomover, vítima da poliomielite. Ai, fiquei meio p... da vida com o garçom saber e insisti. "E na outra segunda?" O sujeito nem pensou muito. "Foi um crioulo cantando ópera." Era o Plácido Domingo com o rosto pintado de negro cantando *Othelo*, de Verdi. Realmente, ele via todos os programas. Isso veio provar que música erudita não é só coisa para grã-fino. É uma besteira. Música erudita é para quem tem sensibilidade. E sensibilidade, todo ser humano tem. O importante é fazer chegar essa música às pessoas, de qualquer classe social.

Quanto ao fato do programa ser gravado, acho que em certa ocasião não fui muito claro, dando a entender que preferia que fosse ao vivo. O que eu quis

Com Arthur Moreira Lima em concerto numa casa noturna

dizer é que não gostava de gravar música porque não conhecia no Brasil nenhum técnico de som capacitado para fazer uma gravação. Por isso, as gravações que se faziam eram uma tortura. Porque o técnico funcionava mais no botão do que na sensibilidade. Então, se fazia um decrescendo, ele aumentava no botão. Se fazia um crescendo, ele diminuía no botão. E a música clássica, um de seus pilares é justamente essa dinâmica de você poder fazer um pianíssimo. E nenhum técnico no Brasil conseguia gravar um bom pianíssimo, que é o que dá beleza a música. Isso me irritava profundamente. Briguei com muitos técnicos. Daí ter dito em certa ocasião que preferia o concerto a gravação, mas não que não gostasse de gravar.

Mas existiram boas gravações e uma das melhores que eu fiz foi com o Roberto Minzuck, hoje regente, tocando trompa. Um excelente trompetista. Nunca vi esse rapaz quebrar uma nota. Nunca. É extraordinário. Ele gravou comigo um *Concerto Para Trompa e Orquestra,* de Mozart pelo selo Eldorado. Como trompista, ele havia ganho o Concurso Eldorado. E um dos prêmios era uma gravação. E o Lara Mesquita, diretor da Rádio Eldorado, me convidou para reger a orquestra. Uma maravilha.

Cena de Aventuras de Peer Gynt, com Ewerton de Castro e parte do elenco

Teatro, Poesia Concreta e Cinema

Fiz algumas músicas para espetáculos teatrais. Para o diretor Gianni Ratto, fiz *Eurídice*, de Jean Anouilh, no TBC, com Antunes Filho fiz várias peças, como *Yerma*, de Garcia Lorca, *Vereda da Salvação*, do Jorge de Andrade e *Aventuras de Peer Gynt* (1972), de Henrik Ibsen. Em todas elas, eu compus a música e ensaiava. Em *Yerma*, preparei Cleyde Yáconis para cantar numa cena, assim como o Raul Cortez. Em *A História de um Soldado*, do Stravinski, como o Paulo Autran não sabia cantar, ele tinha que recitar no ritmo da música.

Quanto a poesia concreta, eu me ligava muito a ela, me dava superbem com os irmãos Campos, Haroldo e Augusto. Eles e o Décio Pignatari tinham lançado em 1952 a revista literária *Noigrandes*, que acabou sendo o berço do movimento concretista, mais forte a partir de 1956. Fizemos um espetáculo com algumas poesias que escolhemos e eu usava música de vanguarda que

estava acontecendo naquela época. Foi um espetáculo engraçado porque a escritora e poetisa Hilda Hilst levou um gato e fez ele passar, atravessar pelo palco. Bizarro. Mas, mesmo assim, foi uma coisa importante. Nunca ninguém tinha feito isso antes e acho que ninguém fez depois.

Depois, fiz um espetáculo similar com as poesias desse jornalista e escritor notável, o Ferreira Gullar. Nessa ocasião, o Wylli Correa de Castro fez a música, eu a ensaiei com os atores e a regi. Eu tinha a colaboração da Maria José de Carvalho. Não lembro se ainda estava casado com ela, mas a gente fazia trabalhos juntos. E tem também o grupo irreverente Os Mestres Cantores, um quarteto comigo, o pianista Paulo Herculano, Samuel Kerr e o maestro Henrique Gregori. Sempre procurei inovar.

A melhor trilha em cinema é aquela que não se ouve. É isso mesmo. Se a única opção da música do filme for apenas a de levar o espectador a comprar o CD com a trilha, é sinal de que só a música se basta, não precisando o filme. A trilha sonora de uma produção cinematográfica só deve funcionar dentro do próprio filme, em conjunto com a imagem. Um exemplo: quando compus a música do longa *Vereda da Salvação*, que Anselmo Duarte dirigiu em 1963, tive a preocupação de fazê-la um complemento da imagem, da iluminação e do cenário. Essa integração é essencial. O ideal é que aconteça o seguinte: ao se assistir ao filme, sentir falta da música. E ao se ouvir a trilha sonora do filme, sentir falta da imagem. Jamais separá-los.

Só que isso raramente acontece. São poucos os filmes que marcam pelo aproveitamento da música – no caso, falando dos clássicos – e são muitos os que marcam pela ignorância do cineasta. É verdade, pois é muito importante que haja um estudo minucioso para que a música se integre na linguagem do filme. Não basta, para o cineasta, ter conhecimento sobre a linguagem cinematográfica em si. É preciso também ter cultura musical. Lembro de ter assistido uma encenação muito bonita do *Hamlet* de Shakespeare, com músicas que lembravam Tchaikovsky. Acontece que o estilo empregado naquela montagem, não combinava em nada com músicas de Tchaikovsky.

Ao ser convidado para assinar a trilha sonora da peça *Crime e Castigo*, adaptada do livro de Dostoievski, li a obra em francês e a tradução em português para ter uma ideia de como compor a música. A peça acabou não sendo encenada. Mas essa responsabilidade é muito importante. Hoje, eu já não me proponho a fazer trilhas, é um trabalho muito exaustivo. Não existe nada mais difícil do que criar uma música de três minutos e três segundos para encaixar numa determinada cena de um filme. A mesma dificuldade existe no teatro. E a criatividade do compositor tem de ser limitada ao texto, a preocupação da música adaptada à fala. Conversar com o diretor, o cenógrafo, com o iluminador – para só então poder compor algo que se enquadre em todos esses aspectos – é o necessário para se ter a unidade no resultado.

De novo, tenho que mencionar a cultura musical. Pesquisar é importante. A feitura de uma trilha sonora é um trabalho artesanal que merece um estudo aprofundado. Veja só. Eu gostava das composições de Antonio Vivaldi e achava que as interpretava bem. Até o dia que, pela primeira vez, fui a Veneza e conheci o lugar onde ele nasceu. O meu conceito em relação a Vivaldi mudou completamente, pois o lugar interferiu muito naquilo que eu imaginava. Ou seja: um brasileiro jamais vai interpretar Beethoven como um alemão, assim como um argentino pode até cantar um samba, mas nunca terá o balanço de um carioca.

Os Mestres Cantores, com Henrique Gregori, Diogo, Samuel Kerr e Paulo Herculano

Cena do filme Vereda da Salvação, com Raul Cortez e Lélia Abramo

Amadeus, de Milos Forman, com Tom Hulce e F. Murray Abraham

Combatendo a Ignorância

A cultura musical entre nós é tão pouco divulgada quanto cultivada. Poucos se interessam em divulgar e muitos vivem em total ignorância no que diz respeito a música. A ópera, a música clássica, precisam de divulgação. As trilhas sonoras são canais para essa divulgação. Gosto muito de assistir óperas em vídeo e DVD. Vejo uma ópera nesses sistemas da mesma maneira que vejo em um teatro. Uma ópera dirigida pelo Franco Zeffirelli em vídeo ou DVD é fantástica. Tem *La Traviata, Turandot*... Já uma ópera em vídeo encenada por um imbecil é uma imbecilidade. A ópera precisa ser popularizada e se o trabalho não for benfeito, a imagem do espetáculo mais completo que permanece será sempre "careta".

No caso da música clássica, as trilhas sonoras têm sido uma excelente promoção de determinadas obras. O sucesso no Brasil do *Bolero* de Ravel não se deve a ele mesmo, mas a sua divulgação em vários filmes.

Como *Retratos da Vida*, do Claude Lelouch. Na época, o público viu o filme, gostou da música e começou a comprar o disco. No programa diário que eu tinha na Rádio Eldorado, cheguei a receber cerca de duas mil cartas pedindo o *Bolero*. Um recorde. A trilha funciona como a popularização da música clássica. Nesse caso, do francês Maurice Ravel. Essa é a prova de que, se houver espaço, a música clássica vinga, consagra-se.

Em certa ocasião, recebi também várias cartas pedindo a música do desodorante. E eu não sabia qual era. Só depois, descobrir que se tratava de *A Primavera*, de Vivaldi, que tocava como trilha na propaganda do desodorante Vinólia. Quando um comercial usa uma serenata de Mozart, no primeiro concerto que dou depois da divulgação desse comercial, o público reconhece a peça nos primeiros acordes e começa a aplaudir. O que falta para os clássicos é a chance de se tornarem conhecidos.

Outro exemplo. *Amadeus*, do Milos Forman. Na época do lançamento do filme, falou-se mais em Mozart, tocou-se mais Mozart. Assim que sai da pré-estreia, me perguntaram se era verdade que Mozart fez o *Réquiem* na cama, ditando para o Antonio Salieri, seu rival e admirador. Ora, um filme é um filme, não tem um compromisso necessariamente com o rigor do acontecimento em si. Não interessam os detalhes, não é importante saber se Mozart compôs a música deitado na cama ou no sofá. O que interessa é que o filme é bonito e que levou muitas pessoas a conhecerem Mozart, a cultuarem suas obras. Na verdade, quando morreu, ele estava escrevendo *Lacrimosa*. Mas o que importa? *Amadeus* é um grande filme.

Investindo na Difusão

A difusão da cultura musical encontrou na trilha de filmes de conteúdo, de comerciais e peças de teatro um aliado muito importante. Na TV, já se tentou difundir a música erudita em alguns programas. Mas a televisão brasileira parece não acreditar na cultura musical, assim como os responsáveis por ela. Na *Folha de S. Paulo* chegaram ao cúmulo de dizer que música clássica não é notícia, ao mesmo tempo que o jornal publicava informações erradas, verdadeiras barbaridades. Como afirmar que Nelson Freire, o maior pianista do Brasil, era compositor. Isso é o mesmo que dizer que Beethoven é um pintor renascentista. A ignorância das pessoas envolvidas na informação prejudica a divulgação da música erudita.

A falta de conhecimento musical é um delito grave. Quando o Faria Lima, prefeito de São Paulo, viajou a convite para Nova York, a primeira coisa que o prefeito de lá fez foi levá-lo ao imponente Metropolitan House, templo da música clássica, para assistir a uma ópera de Richard Wagner. Faria Lima achou uma chatice, até dormiu. Esse exemplo retrata bem a diferença de culturas. Se música clássica é careta, então todos os países desenvolvidos são caretas, pois eles cultivam esse tipo de música. Nós do Terceiro Mundo, sequer temos nossa música clássica. Parece que isso até agrava a nossa miséria: o brasileiro também tem fome musical, miséria cultural. Na década de 1950, eu tinha a oportunidade de assistir no Brasil, apresentações de Arthur Rubinstein, que era um dos maiores pianistas da época. Em 1951, assisti a Maria Callas. Cada temporada, naquele tempo, chegava a ter trinta e seis récitas de ópera. Hoje, isso não acontece mais. Aos 18 anos, já tinha a oportunidade de assistir ao vivo músicos conhecidos do mundo inteiro. Agora, só posso conhecê-los através de gravações em CD ou DVD, uma vez que o Brasil não investe nesse tipo de atração.

O cinema é uma arte muito complexa, Envolve o trabalho de muita gente, e fazer trilha é apenas um dos muitos detalhes de uma produção. Eu, como maestro, tive a chance de envolver com cinema não apenas compondo, mas também como ator. Foi no longa *Bebel, Garota Propaganda*, dirigido em 1968 pelo Maurice Capovilla, com uma história do Inácio de Loyola Brandão. Também tive uma ótima experiência na TV, no já citado comercial.

Mas em qualquer atividade, a liberdade de criação é essencial. Costumava gravar a música para os meus vídeos com essa liberdade e tudo saía muito legal. O sucesso dos meus programas de rádio se devia a essa liberdade. Às vezes, chegava a gravar 15 programas em uma hora (depois, inseria as músicas), dizendo tudo o que eu queria, inclusive coisas pessoais. Tudo o que faço é autêntico, sem nenhuma artificialidade imposta. E considero que toda boa música, seja para uma trilha sonora ou um concerto deve sempre ser fruto dessa falta de censura, da liberdade de criação. É assim que funciona.

Diogo montando na sua fase de vídeos

Experiência com Vídeo

O cinema me animou a fazer meus vídeos. No final dos anos 1980 ou começo dos anos 1990, comprei nos Estados Unidos uma ilha de edição em vídeo. Como viajava muito, eu gostava muito de filmar, depois editava e fazia a música. Quer dizer, editava a música não composta por mim, uma música já existente. E o engraçado é que eu filmava ou gravava musicalmente. Quando eu pensava na música, nem precisava pensar, e ela vinha direto. O vídeo já obedecia, vamos dizer assim, a uma forma de sonata, por exemplo. E tudo encaixava direitinho. Adorava fazer isso.

A sonorização de minhas produções em vídeo, fiz com enorme prazer, apesar de envolver um trabalho tortuoso. Ao musicar vídeos, a ideia vai amadurecendo, o resultado vai se modificando. Não basta simplesmente pegar uma música bonita e colocar no filme. Na Bahia, rodei três horas para fazer um vídeo de 40 minutos e mesmo conhecendo muito bem o lugar –

afinal, me formei lá em 1954 – e conhecendo também muito da música baiana, tendo até frequentado terreiro, levei aproximadamente dois meses para concluir a sua musicalização. A minha vantagem é que eu gravava musicalmente, mesmo sem pensar em música.

Eu desenvolvi uma técnica que adquiri com o tempo, que me poupa o trabalho de editar e fazer cortes. Basta definir a frase musical que está dentro da frase da imagem. Por exemplo: naquele vídeo que rodei na Bahia, de repente eu pensei em João Gilberto cantando "Ai que saudades que eu tenho da Bahia." Resolvo experimentar e dá certo: quando eu mudo de imagem, a música muda de frase.

É uma coisa intuitiva, consequência talvez da minha cultura musical, que funciona quando eu filmo. É uma solução artística e viável – não posso compor as músicas para os vídeos, contratar uma orquestra apenas para executá-las, o que seria muito caro e impraticável.

Depois, a ilha envelheceu, a tecnologia avançou, e se você não usa algo técnico, uma ilha por exemplo, durante algum tempo, cria um bolor. Eu fazia isso mais para uso pessoal. Nunca profissional. Costumava dar jantares aqui em casa às quintas e gostava de gravar esses jantares. E sobre os convidados, eu fazia uma história deles. Quando o convidado era muito conhecido, célebre, eu pegava cenas da televisão. E quando eles chegavam, tocavam a campainha, eu os filmava entrando, depois batendo papo. Ao fim do jantar, exibia a historinha deles com a cena da chega naquela noite. Em certa ocasião, aconteceu algo engraçado com uma senhora, usei fotos que o filho dela tinha emprestado, ela com um Mercury conversível antigo. Ficou espantada. O José Serra, nosso atual governador, também veio aqui. Filmei uma cena, eu dando comida na boca, num clima bem engraçado. Era um grande prazer fazer esses jantares, eu gosto muito de cozinhar. Faço macarrão na mão. Não compro em supermercado. Faço a massa, tudo. Sou um campeão na salada de escarola com gorgonzola. Algumas das minhas receitas foram publicadas no *Jornal da Tarde*. Uma das pessoas que me incentivaram a gostar de cozinhar foi a Maria José de Carvalho. Ela cozinhava muito bem, fazia um picadinho extraordinário.

O maestro e seu prazer em cozinhar

INHO
NESTLÉ

O Mecenato Oficial

Sempre lutei pela ajuda oficial. A música sempre encontrou um pouco de dificuldade porque diziam que era um tipo de carreira, de atividade onanista. Quer dizer, o sujeito, o artista fica mais solitário. O pianista fica diante de seu piano cerca de oito horas em casa. Ao passo que o ator de teatro tem contato com o público. Isso o torna mais simpático, facilita obter patrocínios por ter o domínio da fala, da comunicação. Mas acho que, para a música, isso melhorou muito em São Paulo. Ainda não é o ideal, como nos Estados Unidos onde tudo tem patrocínios altíssimos. Mas o regente John Neschling, com a inteligência que tem e sua extraordinária capacidade de comunicação, conseguiu patrocínios incríveis para a OSESP, a Orquestra Sinfônica do Estado de São Paulo. Ele conseguiu fazer um movimento muito interessante aqui, com concertos não muito caros para o público, e de excelente qualidade. Então, o mecenato é algo fundamental. Ainda não está totalmente estabelecido no país, mas melhorou demais desde o tempo em que comecei. Houve um progresso enorme. E isso trouxe naturalmente um público muito maior para esse tipo de atividade. Hoje há muitas opções para se ir ao concerto. Mas, para a ópera, talvez tenham existido épocas melhores em São Paulo. Na década de 1940 aconteciam temporadas líricas notáveis, vastas. Em 1952, por exemplo, no Theatro Municipal de São Paulo, eu pude ver *La Traviata* numa récita com a Renata Tebaldi e no outro dia com Maria Callas. Eram oportunidades incríveis. Todos os grandes artistas e pianistas estrangeiros incluíam São Paulo nas suas apresentações. Havia empresários que trabalhavam nessa atividade. Hoje não existe esse movimento de antigamente, mas existem mais oportunidades por causa do patrocínio. O intercâmbio com o exterior esmoreceu. Acho que falta cultura por parte das pessoas eventualmente patrocinadoras.

Os homens de poder, financeiro, claro, raramente leem um livro. Enquanto a música sinfônica evoluiu no acesso aos patrocínios, as apresentações, a ópera não. E é incrível porque a ópera tem um público enorme. As temporadas líricas que eu fui, e mesmo outras, sempre estiveram lotadas. Acho estranho essa decadência nesse sentido. Está certo, a ópera é algo muito caro. Exige muitos gastos. Tem que ter elenco de cantores, um coral bom, um maestro e um maestro do coral, diretor de cena, iluminador, roupas, cenografia. E tudo isso custa muito dinheiro. E só a bilheteria não basta, não amortiza os gastos.

E essa ausência de encenações cria dificuldades para os cantores brasileiros sobreviverem. Não há espaço para eles mostrarem suas qualidades. E nós temos cantores excelentes. Uma coisa que digo sempre: eu acho um absurdo o Theatro Municipal de São Paulo que já é uma casa de espetáculos que tem uma orquestra fixa e assalariada, um coral excelente, tem um palco, enfim tem toda a base para óperas e deixar de apresentá-las, é um crime. Qualquer cidadezinha da Alemanha, por menor que seja, tem o seu teatro de ópera permanente. Praticamente, tem óperas todos os dias. Aqui, só dois ou três meses por ano com umas quatro, cinco óperas no máximo.

Na gestão do prefeito Figueiredo Ferraz, nos anos de 1970, fui diretor de uma temporada lírica popular, com o povão indo assistir. Cantores, regentes, diretores, cenógrafos, figurinistas, roupas, tudo nacional. Consegui convencer o poder público a usar tudo aquilo que tem no teatro e fora dele. E os ingressos eram a preços acessíveis, bancados pela Prefeitura que já subsidiava a orquestra, o coral e fez uso deles, acrescentando para o resto verbas específicas.

A Eterna Paixão

Muitos acham que parei de reger. Eu não parei de reger. Tive os meus problemas de saúde que, claro, me prejudicaram um pouquinho. O grande problema é o seguinte: eu não sou uma pessoa que vai pedir para reger. Mas não tem havido convites porque esse boato que parei de reger se espalhou. E as pessoas pensam que parei. Nada disso, estou na luta. Existindo convite, eu vou correndo. Ao contrário do que dizem, tenho fisicamente a possibilidade de reger uma ópera. Tenho mais de quarenta óperas no meu repertório, quase todas de cor. Falta só o convite, a oportunidade.

Olha só, eu ganhei nos Estados Unidos o mesmo prêmio que ganhou o Zubin Mehta. Em 1958, o Claudio Abbado ganhou em primeiro lugar, e o Zubin em segundo. Em 1960, o Seiji Ozawa em primeiro lugar e eu em segundo. Um dia me perguntaram: "Como o Zubin Mehta conseguiu essa projeção internacional e você, que ganhou o mesmo prêmio,no mesmo local, não teve o mesmo reconhecimento?" Respondi: "Porque eu sou brasileiro." Isso prejudica muito.

O Arthur Moreira Lima me disse: "Se eu chamasse Limoski e você Nischikoski, melhoraria muito as nossas carreiras internacionais."

Mas não posso me queixar. A música me deu alegrias, dinheiro, conforto. E na vida pessoal, eu casei cinco vezes. Adoro casar. Em 2010 faço bodas de prata com a Elza Muniz. Não casamos legalmente, mas vamos completar 25 anos que estamos juntos. Uma felicidade.

Naturalmente, não posso deixar de mencionar meu filho Jorge Alberto. Dei esse nome porque tinha um irmão chamado Jorge e por causa da champanhe George Aubert (*risos*). O problema é o seguinte. Essa história de que filho de peixe, peixinho é, é uma bobagem. Pelo menos na minha família. Tentei ensinar música para ele, mas não consegui. Talvez eu não tivesse a necessária paciência. Eu passei tudo o que um pai deve passar para o filho e ele, numa época, resolveu estudar saxofone. "Vou ser o maior

Com Elza Muniz, sua companheira há 25 anos

saxofonista do Brasil", disse. Mas depois de algumas aulas, percebeu que a coisa não era tão fácil. E desistiu.

Um dia, ele chegou em casa com dores terríveis. Levei na Santa Casa e o médico me disse: "Seu filho está com uma doença chamada Gilbert." É por causa do champanhe (*ri*). *O médico explicou que ele não poderia praticar esportes. Só repouso iria curá-lo. Acho que, por causa disso, o Jorge Alberto acabou fazendo do esporte a sua meta de vida. Tanto é que, recentemente, ele conseguiu nos Estados Unidos uma das sete vagas disputadas por duas mil e oitocentas pessoas para participar da competição Ironman – o Homem de Aço – no Havaí. Me orgulho muito do Jorge Alberto, porque ele sabe que para conseguir alguma coisa na vida é preciso muita batalha. E acho que isso ele aprendeu comigo. Tanto é que ele, na sua dedicação ao triatlo,não faz nada contrário as regras. Só come o que a nutricionista manda. Enfim, tem toda a disciplina que existe no esporte. Formou-se em educação física além de ser formado em economia. Não podia deixar de falar dele. As duas pessoas que eu mais amo na vida são a Elza e o Jorge Alberto. Uma das boas lembranças que tenho da mãe dele, a polonesa Liliana Kornbluth, é ter me dado esse filho maravilhoso.*

Novembro de 2009.

O filho Jorge Alberto, esportista premiado
Diogo regendo em um ensaio

O Mito da Regência

A seguir, editada, uma conferência que Diogo Pacheco fez em 29 de setembro de 2009 no clube Paulistano. Bem-humorado e apoiado em gravações em DVD de dois ensaios e concertos regidos por Leonard Bernstein e Herbert von Karajan, ele explicou com clareza como age um regente e sua relação com a orquestra.

Ao ser convidado para fazer esta palestra, o mais difícil foi encontrar um título. Quando trabalhei no *O Estado de S. Paulo* e no *Jornal da Tarde*, fazer o título de uma matéria sempre foi complicado. Então inventei este: O Mito da Regência. Por que o mito? Porque todos julgam que o regente é um personagem mitológico. O que, na minha opinião, é uma incoerência muito grande. Porque as pessoas pensam que a regência é o regente pegar a batuta, contar um dois três quatro, a orquestra toca, todo o mundo canta, etc. Mas a coisa é muito mais complicada do que apenas marcar o compasso.

Fiz alguns itens aqui. Alguns talvez choquem. E um deles é: O Que é Um Regente? Um regente é um músico, um indivíduo, um músico que ouve com o olho e é capaz de escrever a música pelo ouvido. Isso pode ser comparado com uma pessoa alfabetizada. O que é uma pessoa alfabetizada? Uma pessoa que conhece as letras, sabe concatená-las e entender o que elas estão dizendo, o sentido que elas têm.Ouvir com o olho. O U V I R dá ouvir. Olho é olho. O maestro, realmente, é também aquele que é capaz de escrever pelo ouvido, que ouve uma música e é capaz de transformá-la em notas.

E nesse ponto, quero dizer uma coisa: acho que a profissão do maestro é uma das coisas mais engraçadas como mito. Eu chego aqui no clube ou qualquer lugar que vou e ouço: "Oi. Maestro. Bom-dia, maestro". Mas ninguém fala "bom-dia, engenheiro, bom-dia, advogado." Maestro é aquela coisa mitológica. As vezes, ouvir esse tipo de cumprimento o dia inteiro, isso constrange um pouco. Passa uma responsabilidade muito grande. Enfim. O Isaac Karabitchevski dizia que só pode ser chamado de maestro aquele que é capaz de reger as nove sinfonias de Beethoven, as quatro de Brahms e algum Stravinski por aí. É verdade.

Mas por que ouvir com o olho? A música escrita, ou a partitura como nós dizemos, é uma coisa totalmente abstrata.É um pedaço de papel cheio de bolinhas e riscos. Agora, o bom músico é aquele que olha e ouve o que está escrito. Ou então, aquele que ouve e é capaz de escrever aquela música que

Diogo regendo

ouviu. Por exemplo: (*cantarolando*) la la la la la La si si si sol, si si si sol, do mil lá. É uma música que se ouve sempre numa novela recente. (*Cantarolando*) "Você não Vale Nada, mas eu Gosto de Você." Não importa a nota (*cantarola as notas*), é o que diz o cidadão. (*Cantarolando em duas formas, uma a correta*) "Você não vale nada..." É isso que dá a tonalidade. Eu, quando ouço essa música, ouço as notas.

Aliás, um grande equívoco costuma acontecer com o Hino Nacional Brasileiro. O escritor Ignácio de Loyola Brandão escreveu numa crônica que o jogador de futebol quando canta o Hino Nacional em público, ele masca chiclete e finge que está cantando. Ele não sabe a letra. Mas o problema não é esse. Outro dia, o Pompeu de Toledo escreveu um artigo muito bom na *Veja*, a respeito de uma famosa cantora de música popular, a Vanusa, que se apresentou cantando o Hino Nacional errando uma barbaridade. Eu não poria tanto a culpa nela, nas pessoas em geral. Pelo seguinte. Tem uma coisa que pouca gente sabe. Em primeiro lugar o Hino Nacional tem duas tonalidades. Uma é em Si Bemol que é para banda, para instrumentos de banda. Outra é em Fá, que é quando o povo canta. Porque, se for tocar em Si Bemol, ou fica muito agudo ou muito grave. Por isso, existe uma versão que é em Fá, onde todo o mundo canta. Tem um livro do maestro Martin Brownwiser que cita mais de cem erros no Hino Nacional cantado. Tem umas cantoras que, nessa hora, são uma barbaridade. A Fafá de Belém, numa partida de futebol, foi uma tragédia absoluta, não só por desconhecer o texto, mas também pela entoação. Até a Gal Costa, que eu acho uma das maiores cantoras do Brasil, uma vez ela cantou com diferenças nas notas. Achei imperdoável. Então, precisa existir um maior respeito pelo nosso Hino Nacional. Mas parece que agora, vai ter uma lei obrigando os alunos nas escolas cantarem o Hino Nacional. Pelo menos uma vez por semana.

A outra coisa importante em relação ao regente, é uma das profissões mais bonitas que eu conheço. Por quê? Ele pega um pedaço de papel, tem umas bolinhas no meio disso, e as ouve, ouve a música. Depois dessa audição interior, ele vai conceber a obra que leu. Para concebê-la, vai ser muito importante a sua cultura geral. Um bom regente tem que ser poliglota. Se ele, por exemplo, não falar inglês e não conhecer um pouco de alemão, dança completamente. Tem que viajar muito. Quando eu fui a Veneza, mudou completamente a minha concepção de Vivaldi. Aquela água toda deve ter influenciado muito a cabeça dele no sentido das suas composições.

Depois dessa concepção que ele tem da obra que deve reger, o que ele vai fazer?

Ele tem que descobrir os meios de comunicação para passar essa música que ele concebeu, através dos gestos. Existe toda uma técnica de regência para fazer transmitir essa concepção. Então, quando eu falo em cultura, falo em cultura geral. Me lembro que o meu professor Hans-Joachin Koellreuter, ele obrigava os alunos a ir ao teatro, a ler muitos textos, inclusive poesia, a ir muito ao cinema. Tudo isso fazia parte de uma cultura geral que eles, os alunos, teriam que aprender para desenvolver a sua sensibilidade e, depois, transmitir aquela concepção musical. Qual a maneira que o maestro tem de transmitir a sua concepção à orquestra? É com o gesto. Então, existem escolas que dizem que o quatro é assim (*fazendo o gesto*), o três é assim, o oito é assim. Cada compasso tem que ter um determinado gesto característico. Se o regente quer forte faz o gesto de forte. Se quer piano, o gesto do piano. Tudo isso é do desenvolvimento muito grande que o maestro tem para se comunicar com a plateia. Então, primeiro ele olha, ele ouve, ele concebe e vai imaginar quais seriam os gestos para transmitir essa concepção à orquestra ou ao coral que está dirigindo. Depois disso, ele vai para a execução.

Mas a execução não é nada. O que importa é o ensaio. O som não é nada sem o ensaio. É no ensaio que se prepara a execução de um concerto. E às vezes, levam-se mais de quatro, cinco ou seis meses de ensaios para se colocar o concerto, a peça teatral no palco. Fiz músicas para várias peças. E é demorado o processo do ensaio, com falas e músicas. É muito engraçado quando a gente está apresentando um concerto e o público pede: "Toca aquela". Eles desconhecem que é preciso ensaiar aquela. E também, em primeiro lugar é preciso saber qual é aquela.

Eu fazia um programa de TV, *Ligue para Um Clássico* e a produtora mandou a apresentadora fazer a pergunta: "Quem escreveu a quinta sinfonia?" Naturalmente, quem respondesse certo ou que ela considerava certo, ganhava um brinde. Mas eu interferi: "O meu público não vai responder essa pergunta idiota." Claro que qualquer compositor que chegou à sexta sinfonia ou que só fez cinco, fez a quinta. Naturalmente, ela estava se referindo à quinta de Beethoven. Mas Mahler tem a quinta, o Mozart escreveu mais de quarenta sinfonias. Então, tem a quinta de Mozart. Por isso, vários compositores têm a sua quinta sinfonia.

A Importância do Ensaio

Depois dessa concepção, o que acontece? O Maestro passa à orquestra a sua concepção. A orquestra vai transmitir isso ao público que vai devolver nas costas do maestro a sua apreciação, se gostou ou não gostou. Se gostou é uma maravilha, você sente na nuca e aí você vai ficando mais eufórico, mais gostoso... Se o público não gostar, você percebe, esmorece. Mas se gostam, recebe um calor...

O ensaio é a coisa mais importante que tem para um concerto, um espetáculo de teatro. E eu resolvi ilustrar com dois maestros que considero os melhores do século vinte: o americano Leonard Bernstein e o austríaco Herbert von Karajan. O primeiro aparece regendo uma orquestra de jovens que vai executar uma obra muito complicada, *A Sagração da Primavera*, de Stravinski. A primeira vez que ouvi o *Sacré*, como a gente chama, achei uma barbaridade. Porque fugia completamente da minha formação que era operística. Por isso, ao ouvir aqueles ritmos inovadores do *Sacré*, apresentado na rádio Gazeta pela Vera Janacopolus, fiquei horrorizado.

Então, quem ouvir e não gostar, não se preocupem, é uma reação perfeitamente normal. Você tem duas maneiras de gostar de uma coisa que você não conhece. Uma é intelectual. E a outra é emotiva. Mais tarde, para se comunicar com a obra, é preciso que você se dispa totalmente de qualquer preconceito.

Mas voltando ao *Sacré*. Eu tinha 15, 16 anos e formado em ópera. Achei a composição do Stravinski horrível. Mas todas as orquestras do mundo tocam. Há centenas de gravações. Vi que todo regente que se preza, toca. Será que o problema não é meu? Aí, fui procurar descobrir uma forma de adaptação. O meu amigo e empresário Jacó Werebé, que é uma das pessoas mais inteligentes que conheço, me disse o seguinte, me deu uma definição que, acho que não é dele, mas é formidável. Inteligência é a capacidade de nos adaptarmos às novas situações rapidamente. O importante quando você se depara com um quadro novo, um Picasso por exemplo, é se despir de tudo o que você conhece sobre pintura. Esquecer Rafael, esquecer Monet, porque se está diante de uma linguagem nova. Então você tem que se abrir para deixar Picasso entrar.

Diogo regendo

O primeiro ensaio que vou mostrar é da *Sagração*. O Sergei Koussevitzky, um grande regente russo que foi, durante muitos anos, titular da Orquestra Sinfônica de Boston, criou o festival de Tanglewood. É uma pequena cidade americana e nesse festival grandes maestros se apresentaram. Zubin Mehta, Cláudio Abbado, Ozava... Numa pequena cidade da Áustria, também acontecia um festival com orquestras formadas por jovens. Eleazar de Carvalho se inspirou naquele para fazer o festival de Campos do Jordão. Voltando ao Bernstein, foi lá na cidadezinha da Áustria que ele escolheu o *Sacré* que é uma obra complicadíssima que renova tudo em relação à música, esse conceito de harmonia e melodia que é uma besteira, sobretudo se compararmos ao canto gregoriano.

O canto gregoriano não tem tonalidade. O canto gregoriano é maravilhoso mas não tem essa coisa de ritmo batido, não tem compasso (*e cantarola*). O canto gregoriano se refere a uma coisa muito ligada à religião. O polo é Deus. Ao passo que nas músicas de Mozart ou Beethoven por exemplo, o polo de referência é o Homem. A pausa é muito importante na música. Mas não existe no canto gregoriano. A pausa é apenas um momento para respirar. O sujeito, uma hora ele tem que respirar. Já em Mozart, a pausa é a pausa de articulação de uma frase para outra.

Nesses ensaios, o Bernstein quando fala, ou mesmo o Karajan, eles falam em termos técnicos. Ninguém é obrigado a saber o que significam. O Bernstein quando começa o ensaio com estudantes, ele diz: "Vamos fazer uma escala." Ele menciona compassos e letras, começa a reger umas escalas e vocês vão perceber que a música sai do gesto. Aquilo que eu falei antes: o gesto é importante. Mesmo sabendo que muitos aqui sabem inglês, têm algumas coisas que vou ter de traduzir. Porque, por exemplo, Si é Dó, Si major significa Dó Maior.

Durante o ensaio, cada músico tem só a sua parte para tocar. Apenas o regente tem aquilo que chamamos de partitura, com todas as partes. O flautista, por exemplo, não sabe o que o contrabaixo vai tocar, e assim por diante. Mas o maestro sabe tudo o que todos vão tocar. Ele tem tudo a sua frente, no papel, ou então na sua memória. E para o maestro começar o ensaio de determinada parte, ele tem números ou letras. O Karajan logo que menciona a letra G. Todo mundo vai na letra G.

Energia física e o dom

A energia física é necessária. Cada vez que você rege é uma emoção muito grande. Mas, além do lado emocional, tem um cansaço físico enorme. É um cansaço intelectual, mas físico também. Lembro que, numa noite, depois de um concerto, bati o meu recorde: bebi dezoito *chops*. É que você precisa colocar umas bebidas goela abaixo porque, caso contrário, não conseguirá dormir. Depois que o concerto acaba, a música fica martelando na tua cabeça horas e horas. O exercício que a gente mais faz é a ginástica da regência. Dependendo da obra que você rege, é um cansaço terrível. Sobretudo em ópera. Acompanhar um cantor lírico é muito difícil porque, geralmente, ele está mais interessado no agudo e menos na cena e no que está representando. Reger óperas acumula muitos problemas e complicações. *Tristão e Isolda*, por exemplo dura cinco horas. É duro, apesar do preparo físico. É uma ginástica de cinco horas. Por isso, a necessidade de energia física.

Vários episódios que já mencionei em outras ocasiões, como do mendigo no Rio de Janeiro, refutam um pouco essa ideia de que música clássica não é para todos, para qualquer classe social. E exercê-la também. Mas chegar lá, fazer parte dela, tem uma coisa fundamental para ricos e pobres: o dom. Tem que ter o dom. Mas sem estudar, sem batalhar, ele não chega lá. No meu caso particular, acho que tenho uma função na minha vida que é fazer isso que estou fazendo neste momento: passar tudo aquilo que eu sei para o maior número de pessoas. Por isso, adoro e adorei sempre ser professor, criar corais, ensinar gente do povo e, claro, reger.

Eu já tinha esse dom porque, desde criança, ouvia música na minha casa. E tem a influência de meu irmão, o tenor Assis Pacheco. Certa ocasião em um teatro de Washington, o Plácido Domingo disse que o meu irmão é o melhor tenor que ouviu em toda a sua vida. Eu e a Elza começamos a chorar, afinal isso estava sendo dito por Plácido Domingo, Ainda disse: "Mas tem o Enrico Caruso, o Benjamino Giglli." Plácido respondeu: "Tu hermano és mejor."

Nasci nesse ambiente, propício a minha profissão. Mas evolui porque estudei com vários professores, em vários conservatórios, até chegar a Hans-Joachin Koellreuter e a Eleazar de Carvalho, fundamentais. É necessário estudar de oito a dez horas por dia.

Herbert von Karajan em Praga

Por falar em estudar. Uma vez, o Salomão Schwartzman, diretor da extinta revista *Manchete* em São Paulo, me disse: "Se você conseguir entrevistar o Herbert von Karajan, te pago a passagem para Praga e mais três mil dólares." Aceitei o desafio e comprei uma máquina fotográfica. Em Praga, consegui furar uma entrevista coletiva do Karajan para a imprensa internacional. Lá estavam jornalistas do *New York Times*, *Le Monde*, o *Time* de Londres. Às 17 horas em ponto, o Karajan chegou. Sentado na cabeceira de uma mesa enorme, dessas que parece sala de fazenda, ele falou por uns 30 ou 40 minutos. Não permitiu nenhuma pergunta e levantou-se para sair. Pensei: "La se foram meus três mil dólares." Mas, quando ele passou por mim, lhe perguntei em italiano: "Maestro, como é que o senhor resolve a passagem do Adágio para o Allegro do 4º. Movimento da *Primeira Sinfonia* de Beethoven". Ele olhou para mim, um Deus olhando para um admirador intimidado. Olhou no fundo dos meus olhos e respondeu: "Bisogna studare" (Precisa estudar). Fez uma pausa e repetiu. "Studare, studare." Bati umas vinte ou trinta chapas, mas como não era fotógrafo, esqueci de virar o filme. Não saiu nada. Ai, contatei um fotografo checo e ele me arrumou uma fotos sem cobrar nada. Só pediu crédito na revista. Nunca esqueci isso: "Studare, studare". Sem estudo, você não chega a lugar nenhum.

Depoimentos

Diogo Pacheco Visto Pelos Outros

A seguir, depoimentos de consagradas personalidades das artes e das comunicações que conviveram e convivem com Diogo Pacheco. Uma atriz (Eva Wilma), duas cantoras líricas (Céline Imbert e Rosana Lamosa), um pianista (Gilberto Tinetti), um jovem regente (Sergei Carvalho), um pesquisador profundo conhecedor da música erudita (o professor Sergio Casoy), um veterano publicitário (Roberto Duailibi) e um homem de televisão (Fernando Gueiros) prestaram seu gentil testemunho a respeito do Maestro. Os depoimentos estão em ordem alfabética pelo prenome, exceto o de Gueiros, gerente-geral de jornalismo da Rede Globo. Com texto bem maior, relata a sua convivência com Diogo a partir da feitura do programa Concertos Internacionais.

Um Apaixonado pela Voz Humana

Céline Imbert

Conheci-o quando ainda era cantora do Coral Luther King. Isso aconteceu na década de 70, nos espetaculares festivais de corais organizados e patrocinados pelas Secretarias de Cultura do município e do Estado de São Paulo. Esses festivais eram verdadeiros acontecimentos culturais que faziam efervescer toda a produção musical do Brasil. Diogo Pacheco sempre foi um apaixonado pela voz humana, portanto, marcou sua presença nestes memoráveis e significativos movimentos musicais. Ele ama ópera, conhece inúmeras delas e, como tenor que foi, sabe apreciar uma linha de canto, uma voz maviosa e, acima de tudo, a música arrebatadora que este instrumento tão delicado pode realizar. De fato, considero-o um dos grandes e geniais regentes da história da música erudita brasileira, não somente por sua musicalidade exuberante, mas também por ser um dos poucos regentes que entendem de voz, que gostam de voz e sabem explorar todo o potencial do cantor, fazendo dele vir o seu melhor, o seu dom, a sua arte!

Não importava se regia uma obra magnificente ou uma não tão grandiosa. A máxima que sempre proferia é a de que "não existe música feia; existe, sim, música malfeita, mal interpretada". E, tendo este princípio como veio de sua vida, sob sua regência, fizemos belíssimos e comoventes concertos pelo interior de São Paulo, durante muitos anos. Tive, ainda, a felicidade de cantar outras obras maravilhosas a seu convite, juntamente com a OSESP (Orquestra Sinfônica do Estado de São Paulo). Entre elas, *Réquiem* de Fauré, *Réquiem* de Mozart e *Missa da Coroação* de Mozart.

Porém, a lembrança marcante e transformadora que guardo na memória, é a de uma aula de interpretação da *Bachiana Brasileira nº 5 de Heitor Villa-Lobos* que tive com ele, numa manhã de 1984, no Teatro de Cultura Artística, na época, sede da orquestra. Devo contar que esta obra passou a ser o meu *carro-chefe* durante muitos anos e cantei-a, talvez, uma centena de vezes pelo Brasil.

Naquela aula, Diogo Pacheco cantou o que desejava ouvir de mim e, com seus movimentos de regência, seus gestos, moldou o meu canto para, assim, lapidar o sentimento que ele deveria traduzir, fazendo-me trazer à tona de mim mesma, a emoção que revelava a verdade da minha alma!

A experiência foi extremamente significativa porque o que nela adquiri, mantive comigo em todas as outras inúmeras obras maravilhosas que cantei na minha carreira e continuarei mantendo em todas as que ainda cantarei. Aprendi a me expor, a ser pessoal, a ousar, a propor, a ir além do que a partitura sugere. Aprendi a imprimir minha marca!

Céline Imbert

Certamente, o que está escrito numa partitura deve ser respeitado, porém, ater-se exclusivamente a ela, é um ato de covardia que leva à repetição, à mesmice massificante! Ao contrário, no momento em que o intérprete *interage* com ela, passa a ser seu coautor e a dar-lhe vida *original*. É aí que reside a eternidade da Música como arte suprema: se fazer presente todas as vezes e repetidamente e sempre, na *verdade* da alma de quem a realiza e na existência de quem a consome.

Obrigada, Maestro Diogo Pacheco, pelo precioso ensinamento, pelo tesouro que me deu e que me transformou na artista que hoje sou.

Um Deus Dentro

Eva Wilma

Sempre tive admiração pelo talento do maestro Diogo Pacheco. Nos anos 60, ainda em turnê com um trabalho teatral, aceitei o honroso convite de participar de um espetáculo idealizado por ele. Era uma comemoração histórica que seria apresentada no Teatro Municipal do Rio e de São Paulo. Diogo e Flávio tiveram a genial ideia de montar as *Bachianas* de Villa-Lobos, cantada pela Elizeth Cardoso "A Divina". E ela o fazia sem partitura, com o seu habitual virtuosismo. A segunda parte constava de uma grande ousadia: a montagem da obra *A História do Soldado*, composta por Igor Stravinski. Num misto de teatro, música, dança e narração, atuávamos Jairo Arco e Flexa, Luiz Linhares, Carlos Kroeber, Paulo Autran, Gianfrancesco Guarnieri e eu, com narrações, interpretações e marcações coreografadas. Foi para mim uma grande emoção participar desse projeto ousado e inovador. A admiração que eu tinha pelo Maestro cresceu infinitamente atuando sob a batuta inspirada e estimulante dele.

Muito tempo depois dessa experiência, tive a oportunidade de assistir aos ensaios do coral que o Maestro Diogo criou e regia. Ele tinha me convidado para participar do coral narrando textos, só que desta vez compromissos profissionais na TV me impediram de aceitar.

Mas, ao final daquele ano assisti as apresentações do coral durante a Missa de Natal, na Igreja Nossa Senhora do Brasil. E foi um privilégio emocionante participar daquele ritual religioso ouvindo as preces cantadas tão divinamente e vendo o entusiasmo com que o maestro regia, e a satisfação dele com o resultado vitorioso do coral. Bravo Maestro!

Ao vê-lo regendo novamente, entendemos melhor ainda o significado da palavra "entusiasmo", que vem do grego "ente-osmos", que quer dizer "ter um Deus dentro". Bravíssimo Maestro. Obrigada.

Eva Wilma

Gilberto Tinetti

Estimulante e Eclético

Gilberto Tinetti

Conheci Diogo Pacheco na década de 1950, na Escola Livre de Música da Pró-Arte de São Paulo, quando eu lá estudava Harmonia e Contraponto com o Professor Koellreuter. A Escola era um núcleo musical frequentado por muitos artistas e ali encontrei Diogo pela primeira vez. Já nessa época ele participava de vários grupos voltados para a música vocal da Renascença, divulgando por outro lado muita música contemporânea sobre a qual Koellreuter havia despertado grande interesse no ambiente musical brasileiro. Lembro-me até de apresentações que aconteciam no Teatro Brasileiro de Comédia, o famoso TBC da rua Major Diogo na Bela Vista.

Já na década de 1960, retornando de um período de aperfeiçoamento que fiz com Magdalena Tagliaferro em Paris, voltei a encontrar Diogo como regente de orquestras sinfônicas e de grupos corais, formados por ele. Toquei diversas vezes como solista de orquestras dirigidas por ele em um trabalho sempre muito instigante e criativo. Lembro de haver tocado com ele os concertos nº 5 de Beethoven, nº 2 de Liszt, Sol maior de Ravel, ré menor de Bach, este até em uma apresentação ao ar livre no Guarujá, da qual participou também o então jovem e tímido compositor Chico Buarque, cantando e estreando novas canções, futuros sucessos.

Outra lembrança: certa vez, Diogo me telefonou perguntando: "Você não quer vir aqui na Rádio Eldorado para passar com a Elizeth (Cardoso) as *Bachianas brasileiras nº 5* do Villa?" Claro que fui correndo : eles estavam preparando um espetáculo para os Teatros Municipais de São Paulo e do Rio, com música de Villa-Lobos. No Rio eu também toquei as *Bachianas 4*. O sucesso foi enorme. Diogo sempre foi um inventor de programas diferentes, cheio de ideias originais. Toquei sob a sua regência em São Paulo, no Rio e até em Recife...

É bom lembrar também o seu trabalho como jornalista e crítico musical do *Jornal da Tarde*, cujo redator-chefe era na ocasião o Mino Carta. Algumas vezes, Diogo me chamou para substituí-lo na redação de artigos de crítica de concertos, quando ele estava impossibilitado de comparecer. Pude assim sentir de perto o ambiente de uma redação de jornal ao redor da meia-noite, logo após o final do espetáculo, para que o artigo saísse no dia seguinte...

Um grande talento musical, ótimo regente, grande personalidade e um super-criativo idealizador de novas soluções estimulantes. Este é sem dúvida o meu querido amigo Diogo Pacheco!

Diogo de Frente

Roberto Duailibi

Diogo Pacheco foi o primeiro maestro que conheci pessoalmente. De costas. Depois, face a face. De fraque. Com a batuta na mão – depois no ar, atirada para alguém da plateia. Lembro-me da primeira vez que conversamos e percebi que não era aquela pessoa brava, que gesticulava para os músicos, como se quisesse dar-lhes umas varetadas. Ao contrário, era alegre, contava piadas, parecia uma criança. Criança que continua até hoje, sempre encantado com as descobertas que a música – e a vida – lhe proporciona. E o Diogo não é uma pessoa só. São duas: ele e Elza. Tão bonita, tão doce, tão parte de uma vida única.

Sua voz, e suas histórias, foram talvez as primeiras a aproximar a música clássica da vida das pessoas. Até hoje, em pesquisas de audiência, seu programa diário na Rádio Eldorado (que já acabou há tempos) é citado – não como memória, mas como se tivesse sido ouvido hoje!

Só há uma explicação para isso. Conteúdos ficam não só na mente, mas no coração das pessoas. E vozes marcam a memória e o afeto para sempre.

Roberto Duailibi

Rosana Lamosa

Humor e Charme

Rosana Lamosa

Conheci o maestro Diogo Pacheco quando dava meus primeiros passos como cantora no começo dos anos 90, poucos anos depois de chegar a São Paulo. Personalidade querida não só no universo da música como também na vida paulistana, o maestro Diogo Pacheco era uma figura de grande popularidade e carisma. Nosso primeiro encontro se deu quando participei como coralista de um concerto de Natal ao ar livre na Praça do Pacaembu. Ali pude perceber a importância de seu papel na popularização da música clássica no Brasil, desmistificando-a e tornando-a acessível ao grande público.

Fiquei fascinada com seu lado *entertainer*, algo pouco usual dentro da formalidade da música clássica. Sua capacidade de comunicação e sua habilidade em lidar com a multidão de espectadores me surpreenderam de uma forma definitiva. Sua despretensão ao explicar ao público cada uma das peças que executava tornava qualquer concerto um evento *pop*.

Presenciar e participar de suas apresentações logo no começo de minha carreira foi determinante para que eu pudesse compreender a importância de saber transmitir uma ideia, de se expressar, de se comunicar com o público. A naturalidade como ele abordava e comentava o repertório em seus concertos me fez perceber que aquela imagem de formalidade excessiva quase que inerente à música dita "clássica" que eu tinha, era uma associação negativa e equivocada que afastava muitos ouvintes e até mesmo os próprios artistas. O que importa na arte é a emoção genuína que ela é capaz de suscitar não importa sob qual rótulo. E eu percebia esse despertar no olhar do público nos concertos do maestro Pacheco. As pessoas ouviam óperas, sinfonias como se estivessem ouvindo qualquer tipo de música e se entregavam à emoção sem preconceitos. O maestro abria um canal que estava fechado e fazia o público perceber o porquê daquelas peças terem se tornado populares em seu tempo. Podiam se ver nos rostos as expressões de curiosidade e prazer na descoberta de algo novo. Aprendi com ele a ser mais comunicativa na minha relação com o público.

Depois desse primeiro concerto como coralista fui convidada para uma audição privada em sua casa e a partir daí, já como solista, passei a colaborar com o maestro em diversas ocasiões. Fizemos inúmeros concertos inclusive nos lugares mais improváveis, como inauguração de *shopping centers*, praças, parques, hotéis onde ele dava a oportunidade ao público de ouvir os grandes compositores como Verdi, Strauss, Carlos Gomes e conhecer obras-primas como *Traviata* , *O Guarany, Vozes da Primavera*, compositores e obras que a maioria nunca tinha ouvido falar. Foram sempre concertos memoráveis e tenho certeza que contribuíram para abrir novos universos ao público pouco acostumado a esse tipo de música. Pacheco ajudou a quebrar muitos preconceitos e barreiras que afastam as pessoas da música clássica e mostrou que dando essa oportunidade o público sabe apreciar essa arte. Com seu *approach* direto e simples mas sempre com muito humor e charme , o maestro Diogo Pacheco certamente foi um dos grandes responsáveis pela difusão da música clássica em um país que pouco valoriza esta arte universal que reflete tão profundamente a dimensão criativa da humanidade.

Tio e Maestro Amado

Sergei Carvalho

Eis que em meio à minha tenra meninice, ganho um novo tio: o irreverente e apaixonado Maestro Diogo Pacheco, que já me causava fortes impressões, ainda que tiradas do breve convívio nas coxias, que tínhamos pela sua condição de assistente do meu pai, Eleazar de Carvalho.

O Maestro que, de tão famoso e popular, era dos raros "mais conhecido de frente do que de costas"; O Maestro dos *Concertos Internacionais* da Rede Globo; do *Ligue para um clássico*, da TV Cultura; do programa das noites da Rádio Eldorado; da propaganda do Diplomata...

E o melhor. Tinha se tornado meu tio, o Maestro cuja celebridade era de boa cepa, porque inexorável à difusão da música erudita na qual ele se engajou; porque associada à educação de massa que ele pode ministrar, socraticamente, como um jovem e intenso professor, amantíssimo do objeto de sua disciplina, e a ele devotado de maneira incansável.

A intimidade além das coxias com esse Intrépido Maestro, eterno namorado da minha tia, me presenteou com suas outras facetas: brincadeiras pacientes com letras para encurtar o tempo das viagens a Guararema; hortifrutigranjeiro começa com H; o amor pela Sétima Arte; as verdadeiras odes à alegria que se revelavam os encontros em sua casa, sempre anfitriã, regados à Ópera e às iguarias criadas por um chefe de orquestra, mas também chefe de cozinha.

A música possibilitou outra arte de encontros com esse apaixonado Maestro: ser seu jovem solista, aos 14 anos; a convivência profissional na Orquestra Sinfônica do Estado de São Paulo, a OSESP; ser seu assistente em corais, madrigais, concertos de Natal ao ar livre, sempre extraindo dessas oportunidades o prazer inerente à fecunda relação mestre/discípulo.

E ainda que não houvesse tantos motivos para admirar e amar esse Maestro talentoso que se fez meu tio, colaborando na formação do meu caráter como homem e musicista, para mim não haveria escapatória, senão a de amá-lo por consequência. Por consequencia de ter sido tão leal, amigo e admirador do outro grande maestro de minha vida.

Serguei Carvalho

Grande, Seguro, Musical

Sergio Casoy

Minha mais antiga lembrança de Diogo Pacheco – não sei se foi a primeira vez em que o vi regendo, mas a primeira de que me recordo nitidamente – é de um magnífico concerto que ele regeu em 9 de dezembro de 1973. Estava terminando meu curso de engenharia naquele ano, e assim como alguns amigos, havia negligenciado a música para dedicar-me totalmente à escola e ao trabalho. Resolvemos então tirar o atraso – eram os anos da Revolução de 64, durante a qual a política oficial prestigiava muito mais as ciências exatas do que as humanidades – e passamos a frequentar regularmente os concertos matinais de domingo no nosso Theatro Municipal de São Paulo. O concerto ao qual me referi acima, cujo programa tenho em

Sergio Casoy

mãos enquanto escrevo, foi excepcional. Diogo Pacheco regia a Orquestra Sinfônica Municipal, e o solista escalado para o dia era um jovem e espetacular pianista chamado João Carlos Martins. A primeira parte foi dedicada a Ravel, a segunda, após o intervalo, ao compositor argentino Alberto Ginastera.

Lembro-me nitidamente de como a precisão matemática de sua regência e o entusiasmo pela música se misturaram em partes iguais dentro do Diogo enquanto conduzia uma das melhores execuções do *Bolero* de Ravel que pude presenciar em minha vida. Lembro-me de como esse mesmo maestro se transformou, recolhendo sua exuberância enquanto fazia a orquestra secundar João Carlos Martins no *Concerto para a Mão Esquerda*.

Mas apenas anos depois, quando comecei a pesquisar e a escrever sobre ópera, é que compreendi a importância de Diogo Pacheco no cenário lírico nacional. Pacheco, ele próprio um tenor – e irmão do famoso tenor Assis – amava a ópera profundamente. Quantas são as pessoas que sabem ter sido Diogo o primeiro maestro a reger *Il Combatimento di Tancredi e Clorinda* do então quase desconhecido Monteverdi em São Paulo? (Foi em 1967, no Tuca e no Auditório Itália). Pacheco regeu sua primeira ópera no TMSP, *La Traviata*, em 1966. A última foi *Macbeth*, em 1982.

Tão exuberante quanto polêmico, gerou um bando de inimigos e uma legião de amigos e admiradores. Estava à vontade quanto fazia música, porque a fazia benfeita. Seu brilhantismo não dependia do local ou das condições. Nunca houve – ou pelo menos nunca assisti – um Diogo Pacheco menor. Recordo-me de um concerto lírico no TMSP que o maestro regeu para comemorar os oitenta anos de seu irmão Assis Pacheco, um dos maiores intérpretes de Peri em *Il Guarany* de Carlos Gomes que o Brasil já conheceu. Para homenagear o irmão, Diogo abriu o concerto com a *Protofonia* do *Guarany*, que devo ter assistido ao vivo uma centena de vezes em minha vida. Aquela foi, sem dúvida, a melhor de todas. O público não parava de aplaudir. Tempos depois, Diogo regeu a orquestra que acompanhava o soprano Rosana Lamosa num concerto que tinha tudo para ser prosaico e equivocado, apresentado durante a inauguração do Shopping Center Anália Franco, à qual fui convidado. Local inadequado, palco improvisado, uma pequena multidão com copos na mão, falando alto. Tudo para dar errado. E aí Diogo começou a reger, e algo mágico aconteceu. As pessoas espontaneamente se calaram. No *Shopping* ou no Teatro, Diogo sempre foi o mesmo. Grande, seguro, musical. Excelente.

Afeto e Sintonia

Fernando Gueiros

Beatles, Elvis, Elton John, U-2...Ou seja: *Rock and Roll* e *Bitter-Sweet Rock*. Também Peter, Paul & Mary, algo mais *folk*, enquanto Dean Martin, mais *cool*. Essas, o que eu chamaria de algumas das minhas influências no campo da música. Tudo *pop*! Eu, que nasci em 1956, ano em que Elvis Presley estourou no mundo todo. E o que esse meu perfil e preferências musicais têm a ver com o erudito?

Em 1994, quando conheci o querido Diogo Pacheco, a minha noção era a mais óbvia possível nessa área. Claro, sabia quem era Mozart, Beethoven. De Richard Strauss, conhecia *Assim Falava Zarathustra*, usada em 1967 no filme *2001, Uma Odisseia no Espaço*, de Kubrick, e por ser também o tema de Elvis antes de cada entrada no palco. Tinha aquelas informações básicas que muitos têm. Como a que Beethoven era surdo, Mozart, menino-prodígio. Eu não era exceção. Nome de maestros então, só os populares: Erlon Chaves e sua Banda Veneno, Silvio Mazurca. Lyrio Panicali e Gabriel Migliori. Migliori foi jurado de programa de calouros apresentado por Pagano Sobrinho, *É Proibido Colocar Cartazes*, da Record, nos anos 70. Eles apareciam na televisão. Essa, sim, minha grande paixão desde a infância. Já os nomes brasileiros da música erudita que lembro antes de conhecer Diogo, são os de Júlio Medaglia e Isaac Karabtchevsky porque também costumavam estar na TV. E sabia de Rogério Duprat e a Tropicália, de Tom Jobim e a bossa nova. No cinema, conhecia Henry Mancini, Nino Rota, John Williams e outros. Nomes de regentes estrangeiros como Herbert von Karajan ou Claudio Abbado, por exemplo, ainda não tinham aparecido na minha vida.Voltando ao popular, conhecia Carlos Machado, maestro de *big band*. Isso porque em 1990 participei da minissérie a seu respeito, *A, E, I, O, Urca*, na Globo. Fui assistente de direção do Maurício Sherman. Ele me apresentou ao Diogo e são algumas dessas lembranças que relato.

Em 1994, o Sherman era um dos diretores executivos da Central Globo de Produção e passou a responder pela realização de *Concertos Internacionais*. Ele me indicou para a direção do programa. e me pediu para ir até a sua sala. Lá no prédio na Rua Lopes Quintas, sede da Globo Rio, apontou para uma caixa de papelão e disse: "Olha só o que te espera!". Nessa caixa, estavam várias fitas de vídeo nos formatos Betamax e VHS. Eram produções estrangeiras, com concertos de música clássica. Fiquei apreensivo... Eu, diretor de um programa de música clássica? Por conta do meu total desconhecimento do assunto, achava que aquela não seria a "minha praia", profissionalmente falando. A tensão aumentou quando o Sherman anunciou uma reunião com o maestro Diogo Pacheco, indicado pelo Boni (José Bonifácio de Oliveira Sobrinho), vice-presidente de operações da Globo, para ser o apresentador do programa. Mais apuros: imaginei o Boni (um dos maiores profissionais da história da TV brasileira, revolucionou a Globo dos anos 60/70), um dos criadores do "padrão Globo de qualidade", saber que um completo não conhecedor de música clássica estava sendo designado como diretor do *Concertos Internacionais*. Para piorar, um alerta do Sherman: "Olha, vamos tomar muito cuidado com o programa, porque é a única produção da Globo que o Dr Roberto (Roberto Marinho, fundador das Organizações Globo) se dá o direito de manter no ar para ele poder assistir". O programa era semanal, exibido nas madrugadas de segunda para terça-feira. Segundo o Sherman, o Dr. Roberto, admirador de música clássica, gostava de assistir aos concertos junto com Dona Lili Marinho. Olha só a minha responsabilidade!

Resolvi que, já na primeira reunião com o Diogo, seria sincero, iria deixar claro que não dominava o assunto. Assim, ele e o Sherman poderiam pensar em um nome mais apropriado, com conhecimento do assunto, para a direção do programa. Essa decisão me fez sentir melhor. Fiquei, então, esperando o dia da reunião. Era a chance de não me meter em situação para a qual não me achava preparado.

Chegou o dia para o encontro com o maestro, que veio de São Paulo. Ao entrar, dei de cara com a simpática figura de um senhor com a cabeça completamente branca. Estava vestido bem informalmente, mas com uma especial elegância nos detalhes: um *blazer* azul-escuro, camisa de mangas compridas, branca com listras azuis. A calça tinha vinco, e o detalhe que mais me chamou a atenção foi o brilho dos sapatos *mocassins*. Uma pessoa elegante, sem dúvida. Essa, a minha primeira impressão.

Na conversa de Diogo com o Sherman, lembro que mencionou que o motivo do Boni tê-lo chamado para ser apresentador do programa se devia ao fato dele ter reclamado muito de detalhes que achava que podiam melhorar na produção.

Enquanto a conversa dos dois evoluía, com menções ao Metropolitan de New York, às temporadas e detalhes de óperas (área que eu não tinha a menor intimidade), fiquei quieto, ouvindo com atenção, esperando a hora certa de manifestar o meu quase total desconhecimento em música clássica, em geral. Imaginei que o Sherman poderia não gostar da minha atitude, por ter sido ele o responsável pela minha indicação para o programa. Isso poderia colocar em xeque a sua decisão de ter escolhido alguém tão pouco familiarizado com o assunto. O que o maestro iria pensar? Será que teria alguém melhor, mais preparado? Já tinha trabalhado com o Sherman em um programa de música, *Bar Academia*, na extinta TV Manchete, onze anos antes. Eu era da produção e acabei sendo o editor final das vinte e três edições exibidas. Mas o assunto era MPB, tema em que me sentia mais à vontade.

Fernando Gueiros

Não lembro bem qual foi a "deixa", só sei que em algum momento da conversa, pedi a palavra, e, bem firme, disse: "Queria aproveitar para dizer uma coisa." Os dois pararam de falar e olharam para mim. Então, continuei a minha planejada confissão: "Eu não entendo nada de música clássica!" Para minha surpresa, o maestro, na mesma hora, sem pestanejar, apontou para mim, dedo em riste, e disse: "Mas ninguém precisa entender de música clássica. A pessoa tem é que sentir a música". E seguiu expondo o seu raciocínio: "O importante é alguém te passar alguma informação para saber do que se trata a peça que será executada, de modo a permitir que você sinta o que o compositor quis dizer com aquilo. Isso eu costumo fazer com as minhas plateias. Eu explico para elas cada obra, antes de executá-las com a orquestra, para que possam saber o que estará se passando, em termos do sentido e intenção daquela obra". E, aí, contou que uma de suas características era ser um maestro mais conhecido de frente do que de costas, diferente da maioria. Explicou que, normalmente, os maestros entram no palco, agradecem à plateia, curvando-se diante dela, sobem no púlpito e regem do começo ao fim sem dirigir uma única palavra ao público, apenas voltando a agradecer os aplausos ao final da execução. "Eu não faço isso", disse. "Faço questão de explicar o que será interpretado. Assim, a plateia fica mais envolvida com a obra."

Daí para frente, fiquei tranquilo.Valeu a pena a sinceridade. Tinha prevenido todo mundo e tirado um enorme peso das minhas costas. Agora, cabia a eles me manterem ou não na direção do programa. Mas, o que me fez sentir bem, mesmo, foi a abertura que senti na atitude do maestro ao me responder. Havia sido dado um voto de confiança. Acabei continuando no programa.

Mas, ainda tinha a verdadeira prova de fogo, que seria a primeira gravação. Um evento de muita expectativa: programa novo, diretor novo, apresentador novo, propostas novas. Tinha que me preparar para o primeiro dia de gravação, que é sempre tenso e sujeito a surpresas. Para o programa de estreia daquele ano, o local definido para a gravação foi o Theatro Municipal de São Paulo. Semanas antes da data marcada, fiz uma visita de reconhecimento, pois não conhecia o teatro por dentro. Dei uma avaliada geral nas opções para escolher os cenários e os ângulos de câmera. Fui ao *foyer* (*hall* de entrada), ao salão dourado, ao palco, à plateia e às frisas. O local, maravilhoso, apresentava várias opções de cenas. Estava com uma equipe de produção da Globo de São Paulo. Para mim, o programa, pelo próprio conteúdo, tinha que primar pela elegância. Precisava caprichar. Quando estou responsável por uma gravação, sou exagerado no uso de um *set*. Procuro tirar o máximo proveito do potencial e das belezas que um determinado local oferece em termos de televisão. E isso aconteceu no primeiro programa. Escolhi quatro pontos de gravação, começando pelo *foyer*, que tem uma bela escadaria toda em mármore branco.

Esse local seria usado para a abertura do programa. Pensei: *hall* de entrada tem tudo a ver para abrir o nosso primeiro programa. Seria o modo do maestro fazer a sua apresentação ao público e abrir aquela nova temporada do programa. Imaginei o maestro em pé no patamar intermediário da escada com a câmera mais afastada, mostrando em plano geral, a beleza do local, iniciando, em seguida, um movimento de aproximação, de modo a concentrar a atenção no texto do apresentador. Precisava fazer o maestro ficar bem nas apresentações, cuidar da sua imagem. Afinal, era uma personalidade importante no meio cultural. Não sabia ainda qual o seu traquejo para interpretar os textos. Segundo Sherman, o figurino do maestro seria *smoking* clássico. Ou seja, a coisa era para ser chique e eu tinha que caprichar em tudo.

Sou muito exigente com o resultado do meu trabalho. Qualquer gravação é cruel com o seu realizador, pois fica registrada para sempre. Por isso gravo muito até chegar ao resultado ideal, o mais próximo ou até mesmo exato, em termos de perfeição. Pode parecer pretensão, mas acho importante ter esse compromisso com o resultado e qualidade do seu trabalho. Especialmente em TV, quando a nossa criação entra na casa das pessoas. Nesse caso, um programa sobre música clássica, com o maestro elegantíssimo, o grau de exigência era mais alto ainda, na minha visão.

Meu lado perfeccionista tem um lado bom: busca o melhor que se pode atingir. Mas também é responsável por muito sofrimento para quem é acometido desse "mal". Uma vez, comentei isso com o maestro, e ele me disse: "A perfeição é o primeiro estágio rumo à decadência. Isso porque, depois que você a atinge, não tem mais para onde ir ou para onde crescer. Depois disso, só se vai pra baixo". Sempre repeti essa frase como curiosidade, mas tenho uma visão diferente a respeito. Acho que sempre se pode evoluir. Em determinado momento, você pode e deve tentar alcançar o melhor resultado possível. As linguagens na TV evoluem, os equipamentos se sofisticam. Basta ver agora a alta definição. As ideias e visões se renovam constantemente. É um processo natural da evolução estética na nossa História. Então, cada época tem um padrão estético próprio. Muitas vezes, você tem que mudar o padrão e dar sua contribuição para uma nova linguagem. Mas, sempre, a beleza pede para ser captada. Cabe a você criar para obter um resultado satisfatório. Por isso, gravo e regravo muito.

O maestro foi testemunha e sofreu muito nessa minha busca pelo perfeito. Inclusive, naquele primeiro dia de gravação. Decidi usar uma grua para valorizar o *foyer* do teatro. Grua é aquele equipamento em que a câmera fica na ponta de uma haste de metal, com vários metros de comprimento. Munida de um contrapeso na outra extremidade e apoiada numa outra peça de metal vertical, fixada numa base de apoio, a câmera pode ser suspensa a vários metros do chão, de modo a mostrar um ponto de vista elevado. Com movimentos para os lados, sempre valoriza e amplia o espaço que está sendo captado. O resultado que vi no monitor foi o que esperava. A luz do iluminador Amadeu estava um *show*: tinha branco, âmbar e azul na medida exata e valorizava ainda mais a beleza do local, impactante mesmo a olho nu.

Tudo pronto, os equipamentos montados, a luz ajustada, a câmera na grua com o operador Valmor Fernando de Souza, e o maestro elegantíssimo, de *smoking*, gravata borboleta, maquiado e penteado. Fizemos alguns ensaios, passando o texto para medir o tempo da caminhada escada abaixo, até determinado ponto, quando terminava o texto. Tinha que sair perfeito: enquadramento, movimento, atuação e *timing*! Me animei com a naturalidade do maestro para falar o texto. Era bom, falava com delicadeza. Afinal, tinha grande experiência no rádio. Parei os ensaios e combinei de gravarmos. Gritei: "Atenção, maestro! Gravando!" E lá vem Diogo, com passos elegantes, gestos suaves e texto de sua autoria na ponta da língua, dizendo inicialmente duas coisas que havia sugerido para falar: "Boa-noite e bem-vindos à temporada 94 de *Concertos Internacionais*" E seguia apresentando ao público o que iríamos ver, informando o nome da obra, do compositor, do maestro, a orquestra, qual o movimento e outros dados relevantes sobre o concerto.

Enquanto ele falava o texto, eu, de olhos no monitor colorido de TV, observei um detalhe que destoava do clima elegante que predominava no enquadramento. O penteado do maestro apresentava um fio de cabelo desalinhado, projetando-se verticalmente acima dos demais! Como o cabelo dele é branquíssimo, aquele elemento fora do lugar aparecia exageradamente visível no monitor. Para mim, era inaceitável. Tinha que preservar o consagrado padrão de qualidade da Globo, e esse problema precisava ser corrigido. Interrompi a gravação: "Parou, parou, parou!". Expliquei a interrupção e pedi à responsável pela maquiagem que fosse até o maestro baixar aquele cabelo rebelde. Ela foi lá, *mousse* na mão, passou no cabelo do maestro para assentar o fio destoante.

Tudo parecia normal, retomarmos a gravação. E lá vem o maestro, escada abaixo, de novo, dando o seu "boa-noite" inicial. Mas o problema ainda continuava. Lá estava o mesmo cabelo branco, rebelde, que insistia em reluzir no contraluz branco. Imaginava o Sherman vendo aquilo: "Ô rapaz, você não percebeu, na hora, que o maestro estava despenteado?" Era só um fio de cabelo, mas, nessas horas, as menores coisas ganham uma proporção acima do normal. É apavorante! Não tive escolha: novamente parei a gravação. Claro que a minha intenção era de zelo para com a imagem do maestro, mas, algumas vezes, dependendo da pessoa (e nesse momento, ainda não conhecia bem a personalidade do Diogo), os exageros podem ter um peso negativo, por melhores que sejam as intenções. O maestro poderia reclamar com o Boni sobre o meu preciosismo enfadonho e exagerado, quem sabe?! Mas, meu senso profissional sempre fala mais alto e tive que parar a gravação, mais uma vez. Era inadmissível deixar passar aquele "problema", do fio de cabelo em pé. Pedi, de novo, a interferência profissional da maquiadora. Ela foi até onde estava o maestro para tentar resolver a questão. E voltou. Mas, não teve jeito: o fio continuava lá, desafiador, com aquele excesso de rebeldia a me incomodar. No monitor ele parecia me dar "tchauzinho".

Decidi resolver o problema de forma radical. Saí da frente do monitor e, com rapidez, cheguei ao maestro com muita determinação. Sou uma pessoa alta, cerca de 1.90 m de altura. Costumo ver o mundo de cima, por conta de uma herança típica dos homens da família do meu pai, os Gueiros. O maestro não é muito alto e, em pé, na frente dele, eu ficava vários centímetros acima da sua bela cabeleira branca. Aí, tomei uma das atitudes mais profissionais da minha vida, que, ao mesmo tempo, poderia ser interpretada como invasiva e arrogante. Lancei mão de um chaveiro que, sempre, carrego comigo. Entre as várias chaves, tenho um daqueles canivetes suíços originais, de tamanho pequeno. Esse canivete tem cinco funções. Uma é a de tesourinha. Não hesitei. Pedi ao maestro para que ficasse parado e comecei a flexionar os joelhos até ficar com a linha dos meus olhos na altura do topo da cabeça dele, o que me proporcionou a visão, a partir daquele ponto de vista, de um curioso horizonte de cabelos brancos. Ajustei a minha cabeça lateralmente para favorecer o fio de cabelo fora de lugar, exposto ao contraluz. Era como se estivesse fazendo mira em uma caçada. Posicionado então num eixo ideal que me permitia visualizar o tal fio de corpo inteiro, parei. Lentamente, abri a tesourinha do canivete e com a mão direita, comecei a aproximar a ferramenta daquele problema que impedia a gravação de seguir. E... *tchick*!!!! Cortei um fio de cabelo do maestro, o amigo do Boni. Confesso que esperei uma reação dele – ser xingado ou cobrado na minha petulância. Três longos segundos. E ele não falou nada. Virei e falei algo como: "OK! Vamos retomar a gravação!" Gravamos, agora sem um fio de cabelo fora do lugar. Vencemos a primeira etapa das nossas atividades do dia. O resultado ficou bom.

Seguimos para os demais pontos do teatro, para gravar os demais textos. Em um desses intervalos, o maestro me chamou e disse: "Queria convidá-lo para jantarmos, logo mais, depois da gravação". Aceitei no ato. Era a chance de me aproximar dele, considerando que teríamos uma temporada inteira de *Concertos Internacionais* pela frente.

A longa gravação acabou sendo cansativa. Hoje, sei que exagerei um pouco na movimentação de um *set* para outro. As distâncias para transportar o equipamento dentro do teatro eram grandes. Ajustar tudo, ensaiar e gravar, tomava um tempo longo, até que eu desse o "valeu" final. Gravei muito cada texto. Pedia para o maestro repetir quando achava que ainda podia ficar melhor, Algumas vezes ele tropeçava no texto e voltava. Era a primeira gravação, sabia que tinha que garantir que o resultasse fosse satisfatório, beirando a perfeição. Acabou saindo como eu queria.

Depois da gravação, passei pelo hotel, me arrumei e tomei o rumo da região dos jardins para jantar com o maestro. Cheguei no edifício onde ele mora até hoje, na Haddock Lobo, rua que era uma referência importante para mim. No final da década de 60, início dos anos 70, tinha morado em São Paulo, e eu estudava no Colégio São Luís, na Avenida Paulista. Como morávamos no Jardim Paulistano, voltava para casa, levado pelo motorista da família, passando pela Haddock Lobo. Mal sabia que, vinte e tantos anos depois, iria ao encontro de um maestro, em sua casa, já profissional de televisão, um antigo sonho de vida.

No *hall* do apartamento dele, estava apreensivo quanto ao compromisso e me perguntava se teria afinidade de conversa com o maestro a ponto de se sustentar ao longo de todo o jantar. "Será que vai rolar um zero a zero entre a gente?" Mas, era importante investir no relacionamento, afinal, ele havia sido muito gentil ao me convidar. Alguns segundos depois, a porta se abriu. Apareceu o maestro, agora em trajes mais descontraídos, sem o *black-tie* de horas atrás, porém com aquela distinta elegância que já mencionei. Nos saudamos pela segunda vez naquele dia, e o maestro, virando para dentro do apartamento, chamou sua esposa. "Elza!", gritou.

De repente, ela apareceu ao seu lado. Uma mulher muito bonita, de traços esguios, com um olhar doce marcando a sua feição, e que logo abriu um simpático sorriso na minha direção. Aí, veio uma grande surpresa que nunca mais vou esquecer. Antes que sua mulher pudesse falar qualquer coisa, o maestro virou-se e disse, em tom bem sério: "Elza, esse é o meu jovem diretor, Fernando Gueiros. Apesar de só termos trabalhado um dia juntos, ele deu, hoje, uma demonstração de extremo profissionalismo. Por conta disso, desde já, tenho por ele um enorme respeito". E seguiu contando o episódio da tesourinha. Fiquei surpreso. Achava que corria o risco de ser tachado de arrogante, desrespeitoso, invasivo, etc. Ao contrário. A minha atitude tinha sido admirada pelo maestro! Aquilo valeu o dia. É fundamental haver sintonia entre as pessoas que trabalham juntas, numa mesma equipe. Aquela manifestação do maestro me fez acreditar que estava certo quanto a seriedade que coloquei naquele trabalho. Ele havia percebido. Ufa! A impressão é que tinha passado por uma prova de fogo.

Jantamos no Esplanada Grill. O restaurante ficava exatamente na frente do prédio onde o casal mora. Ele chegava a fazer reserva de mesa, acreditem, gritando pela janela. Descobri, naquele dia, que ele não tinha nada de sisudo. Era uma figura bem excêntrica. Gritava, falava alto com as pessoas que conhecia. Um fato me chamou a atenção: a intimidade com que conversou com os porteiros e manobristas. O maestro chamava todo mundo pelo apelido ou pelo nome. Percebi que era um grande brincalhão, bem-humorado e que falava muita "abobrinha". Tudo era piada com os funcionários da casa. Todos o adoravam, era fácil de perceber. Até o cozinheiro veio à nossa mesa, convocado por ele. Fui apresentado como o "novo jovem diretor" dele. E fazia questão de dizer que eu era da Globo. Senti que ele estava feliz. Eu, também.

Na entrada do Esplanada tinha um bar. O maestro fez questão de, na chegada, me mostrar a placa de metal que estava pregada no pé do balcão. Apontou com orgulho. Nela se lia "Bar Maestro Diogo Pacheco", em letras douradas, na altura de um rodapé. Realmente, ele tinha prestígio. Com mais idade que qualquer um de nós, se mostrava jovial, com uma alegria e espírito alto astral, para cima, absolutamente contagiante. Como era querido – independente de origem ou classe social. Fez questão de dizer e repetir ao longo do jantar que tinha gostado muito de trabalhar comigo. Por algum motivo especial, a afinidade e empatia entre nós tinham sido recíprocas e imediatas. Aquilo me surpreendia, considerando a expectativa que vivi desde a minha indicação como diretor do programa. Era uma sensação muito boa ter passado pelo crivo dele. O jantar e a conversa foram ótimos, nos conhecemos mais. Começava ali, não só um convívio profissional, mas uma amizade para o resto de nossas vidas. O maestro passaria a ser um querido personagem da minha existência.

Mesmo tendo o maestro me dito que ninguém precisa entender de música clássica, sei que um mínimo de conhecimento tinha que buscar, de modo a ter alguma noção sobre o que seria apresentado no programa. Por indicação do meu produtor executivo Djalma Régis, comprei o livro *Kobbé - Guia completo da Ópera*. Isso me garantia uma fonte de consulta rápida para o gênero cantado. Também adquiri o *Guia Completo de Música Clássica*, a ser usado como referência para conhecer detalhes sobre compositores e as suas obras. Estava melhor preparado com essas fontes de informação, para, minimamente, arriscar uma conversa sobre música clássica com o maestro. Passei a buscar nesses livros informações básicas sobre as obras selecionadas para o programa, e a entender melhor o universo da música erudita.

Por conta disso, certa vez detectei uma "escorregada" do maestro em texto sobre *Coriolanus*, de Beethoven. Ele afirmava que a obra era baseada na peça homônima de Shakespeare. Nas minhas consultas, achei um texto dizendo que, ao contrário do que todo mundo pensa, *Coriolanus*, de Beethoven, não tem nada a ver com a peça de Shakespeare. Ao perceber esse conflito de informações, liguei imediatamente para São Paulo. Mencionei a questão, preocupado. Ao ouvir a minha consulta, Diogo perguntou qual tinha sido a fonte da informação. Mencionei o meu modesto guia. Ele retrucou, bem firme: "Rapaz, eu sou o maestro Diogo Pacheco. Mato a bola no peito, domino com os dois pés e chuto em gol. Fique tranquilo, pois sei o que estou fazendo e domino o assunto". Meio envergonhado por levantar a dúvida, agradeci timidamente, dizendo que só queria checar essa informação, e nos despedimos em seguida.

O texto foi gravado como ele havia escrito e assim foi editado no programa. Dias depois, quando estava revisando o programa editado, que iria ao ar dali a alguns dias, fui chamado ao telefone. Era o maestro. Estranhei, pois ele não costumava ligar no processo de finalização. Senti que estava com um tom de voz mais baixo que o habitual, e me perguntou se o programa já tinha sido editado. Respondi que sim, que estava no meio da revisão final. Ele então falou o que eu menos esperava. Disse que, depois que eu havia citado a diferença do *Coriolanus* de Beethoven com o de Shakespeare, ficou com uma pulga atrás da orelha e resolveu confirmar o dado. Ao pesquisar, descobriu que a minha informação estava certa! "Tem que tirar essa besteira enorme que falei na gravação!", pediu. Gelei, porque o material estava todo gravado. Tinha que encontrar uma solução, editando a frase, se é que era possível. Fiquei de ver se dava para fazer algo. Na ilha de edição, parei a revisão, avisei que existia um problema que precisava corrigir. Rebobinei a fita até o texto de abertura.

Por sorte, ao avaliar a frase gravada, vi que tinha um ponto de corte que me permitiria suprimir a informação errada. Alívio! Dava para salvar sem ter que regravar nada. Imagina ter que montar toda a estrutura técnica em externa, novamente, só para refazer o texto inicial. Achada a solução ("Nossa Senhora da Edição" sempre dá uma força nesses momentos), pedi ao Centro de Documentação da Globo uma imagem com uma figura ou pintura mostrando o rosto do compositor alemão. Daí, foi só cobrir a emenda e o pulo de imagem que ficou a partir do trecho encurtado. Deu certo. Uma fusão entrou, suavemente, mostrando a fisionomia de Beethoven, pouco antes da emenda da frase, o mesmo ocorrendo com suavidade depois do pulo, de volta à imagem do maestro. No ar, ninguém perceberia a emenda. Em resumo: por conta dessa solução técnica que encurtava o programa em menos de dois segundos, precisei copiar todo ele, de novo. Era longo, cerca de 80 minutos. Mas, deu tempo de corrigir.

As gravações saíam impecáveis, elaboradas com muito cuidado em todos os detalhes. As locações eram sempre grandiosas: Palácio do Itamaraty, Palácio do Catete, Teatro Municipal do Rio de Janeiro, entre outros locais elegantes. O programa pedia isso. A Elza comparecia a algumas das gravações. Numa delas, uma situação hilária com o maestro, que sempre *brincava* com a equipe técnica. Quando dei o "valeu" final para a última gravação do dia – o que representava que a equipe técnica estava liberada para recolher os equipamentos – o maestro se jogou de costas, no chão do salão, e ficou ali, parado, de braços e pernas abertas, estatelado. Esse tipo de brincadeira é a cara do Diogo. Como todo mundo já conhecia esse seu jeitão de ser, ninguém deu bola. A cena mais incrível, exibida no *Video Show*, foi a do iluminador, que, para alcançar um tripé a que estava do outro lado do salão, literalmente, passou por cima do corpo do maestro inerte, ali, só se dando ao trabalho de alargar a passada para evitar pisar no apresentador. Às vezes, ele cantava *O Sole Mio* nas locações. Bem alto, com sua voz ecoando pelos ambientes.

Um ritual nosso, após as gravações dos programas, era comer no Bella-Blú – uma pizzaria na Rua Siqueira Campos, em Copacabana. As conversas eram sempre em torno das gravações da noite. Por conta de uma dessas idas, fui mencionado na coluna do Ibrahim Sued, famoso colunista do *high society* carioca, que escrevia no jornal *O Globo*. Naquela época, sair na coluna do Ibrahim correspondia a ser citado na revista *Caras* de hoje. Numa noite, o Ibrahim se aproximou da nossa mesa e conversou com o maestro. Dias depois, leio na coluna dele: "Traçando uma pizza no Bella-Blú de Copacabana, num dia de semana, encontrei o maestro Diogo Pacheco, acompanhado do diretor dos *Concertos Internacionais*, Fernando Gueiros". Foi a única vez que frequentei as colunas sociais do Rio de Janeiro. Devo essa, também, ao prestígio do maestro.

Enfim, a convivência com ele foi uma oportunidade riquíssima. Tenho enorme orgulho de ser amigo dessa querida e especial pessoa. Nosso contato profissional durou apenas de 1994 a 1995. Mas a nossa amizade continuará para o resto de nossas vidas. Digo, com total certeza, que aprendi a entender e a sentir música clássica, de modo especial, com os ensinamentos de um tutor do porte e grandeza de Diogo Pacheco. Para terminar, com uma pausa dramática forte, tipo aquela que o Flávio Cavalcanti fazia, comandando o maestro Cipó com um sonoro "Um Instante maestro!", na antiga TV Tupi – finalizo dizendo que a amizade e o valioso convívio que mantenho com esse grande mentor e amigo, para mim, podem ser assim resumidos: Ele é especial, até na origem do nome. Em latim, Diogo quer dizer "instruído". Para mim, sempre observei que seu nome começa com "*Dio*" (Deus, em italiano). Faz todo o sentido, não? E acho que não preciso dizer mais nada além disso. Um beijo, maéstro! (Com aquele "e" bem tônico, especialmente gritado).

A Carreira

A seguir, em ordem cronológica, boa parte dos diversos recitais (concertos, óperas, etc.) que contaram com a atuação do maestro Diogo Pacheco. Os nomes dos compositores estão completos só quando aparecem pela primeira vez. Os recitais repetidos na mesma temporada com pouca diferença de dias e com os mesmos intérpretes não foram incluídos. Em seguida, aparece a lista de composições e arranjos para cinema e teatro, dos prêmios e das gravações.

1946

Programa comemorativo do 10º aniversário do Coral Paulistano
Regência: Miguel Arqueróns Verdaguer, com Diogo Pacheco cantando

1949

Festival Francisco Mignone
Sob a regência da orquestra pelo compositor Francisco Mignone, várias de suas composições interpretadas pelos corais Lírico e Paulistano.
com Mary Grazzi (soprano), Américo Basso (baixo), Noemi Lamier (contralto), Mario Gracco (barítono), Henrique Schubsky (baixo) e Diogo de Assis Pacheco (voz de adolescente e tenor).
Theatro Municipal de São Paulo

1950

Magnificat
Orquestra Universitária de Concertos
Regente: Leon Kaniefsky
Diogo cantou no coro
Universidade de São Paulo

1954

Sinfonia da Despedida, nº 45, de Franz Joseph Haydn (12 julho)
Orquestra dos Seminários
Seminários Internacionais de Música, classe de regência,
alunos de Hans-Joachin Koellreuter – Salvador

págs. 138|141 Diogo regendo em público em Tanglewood

1955

Movimento Ars Nova

Recitais de música antiga no teatro de Arena e no encerramento da 3ª Bienal de São Paulo

Movimento Ars Nova

Recital especial com Cláudio Petraglia (cravo) e Dilza de Freitas Borges (soprano). Teatro de Arena de São Paulo

1956

Movimento Ars Nova

Recitais em Ribeirão Preto (Teatro da Exposição do Centenário) e São Paulo (no Teatro Brasileiro de Comédia – TBC, no Teatro Cultura Artística, no Centro Rio Branco e no Círculo Israelita)

Segundo Festival Ars Nova

Concerto dedicado a Jean-Philippe Rameau no TBC de São Paulo

1957

Movimento Ars Nova

Recital de música e poesia concreta; partituras de verbalização de Willys de Castro. Direção geral: Diogo Pacheco. TBC – São Paulo

1959

Sinfonia nº 1 em Dó Maior, Opus 21, de Ludwig van Beethoven
Os 3º e 4º movimentos; The Berkshire Music Center Orchestra, Tanglewood, EUA

Symphony for Strings: Molto Agitato ed Energico, de William Schuman
The Berkshire Music Center Orchestra, Tanglewood, EUA

Tragic Overture Opus 87, de Johannes Brahms
The Berkshire Music Center Orchestra, Tanglewood, EUA

Die Meistersinger, Abertura, de Richard Wagner
The Berkshire Music Center Orchestra, Tanglewood, EUA

Die Meistersinger, Abertura, de Richard Wagner
Tanglewood on Parade, Boston Symphony
Orchestra for the Berkshire Music Center Orchestra, EUA

Symphony Opus 21, de Anton Webern
The Berkshire Music Center Orchestra, Tanglewood, EUA

Diogo ensaiando *Oberon* em Tanglewood

1960

Oberon, Overture, de Carl Maria von Weber
The Berkshire Music Center Orchestra, Tanglewood, EUA

O Aprendiz do Feiticeiro, de Paul Dukas
The Berkshire Music Center Orchestra, Tanglewood, EUA

Sinfonia nº 5 Opus 64 (1º Movimento), de Peter Tchaikovsky
Berkshire Music Center; Concerto para The Berkshire Music Center Orchestra, em Tanglewood, EUA

1961

Allelujah 2 para Cinco Grupos de Instrumentos, de Luciano Berio
Orquestra Sinfônica Brasileira
Teatro Municipal do Rio de Janeiro

Concerto nº 1 em Ré Menor para Piano e Orquestra, de Brahms
Solista: Gilberto Tinetti
Orquestra Sinfônica Brasileira
Teatro Municipal do Rio de Janeiro

Sinfonia nº 5 em Mi Menor, Opus 64, de Tchaikovsky
Orquestra Sinfônica Brasileira
Teatro Municipal do Rio de Janeiro

Abertura da ópera Izaht, de Heitor Villa-Lobos
Sinfonia nº 5 em Mi Menor, Opus 64, de Tchaikovsky.
Concerto nº 1 para Piano e Orquestra, de Alberto Ginastera
Orquestra Sinfônica Municipal
Solista: João Carlos Martins
Theatro Municipal de São Paulo

Pater Noster e Ave Maria, de Igor Stravinski
Exutate Deo, de Alessandro Scarlatti
Say Love, Fine Knacks for Ladies e Come Again, Sweet Love, de J. Dowland
Margot, labourés les Vignes, de Jacques Arcadelt
Matona Mia, Cara (Cancion Del Eccho), de Orlando Di Lasso Madrigal
SOCSP e Madrigal das Arcadas
Reapresentadas em 1970 e 1971

João Carlos Martins ensaiando o *Concerto nº 1 Para Piano em Orquestra*, de Alberto Ginastera

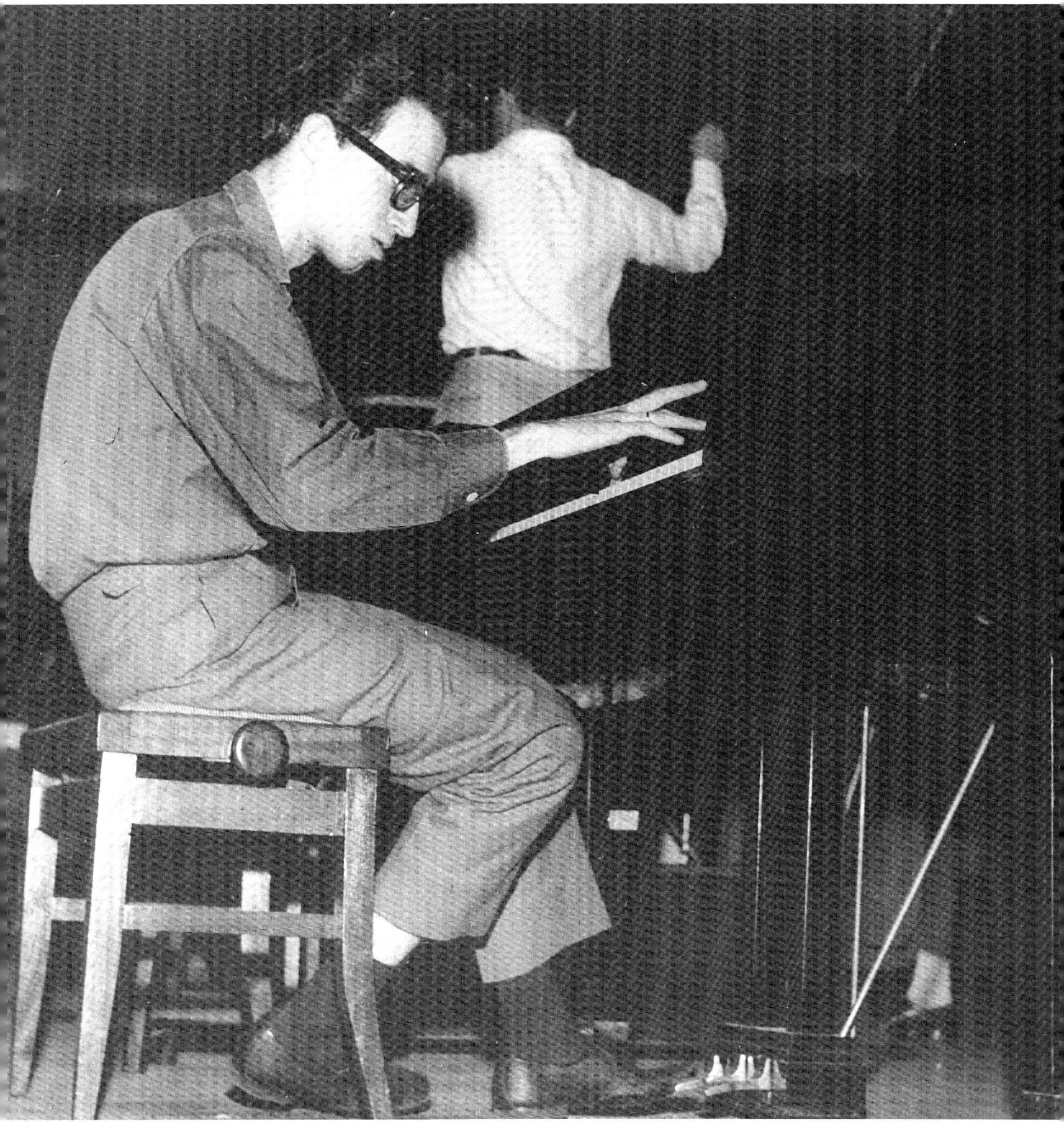

Diogo e orquestra ensaiando com Magdalena Tagliaferro
Ensaio da *Missa de Réquiem para Quarteto Vocal, Coro e Orquestra*, do Padre José Maurício Nunes, Com Diogo, Ângela Aparecida Ferraz (soprano), Mariângela Rea (contralto), Zuinglio Faustini (baixo), Assis Pacheco (tenor), da esquerda para a direita
págs. 146|147 Agradecendo os aplausos após a apresentação da Missa de Réquiem para Quarteto Vocal, Coro e Orquestra, do Padre José Maurício Nunes

1962

Abertura da ópera Matrimonio Secreto, de Domenico Cimarosa
Sinfonia nº 5 (do Novo Mundo) Opus 95, de Anton Dvorak
Momo Precoce, fantasia para Piano e Orquestra, de Villa-Lobos
Solista ao piano: Jocy de Oliveira
Orquestra Sinfônica Municipal
Theatro Municipal de São Paulo

Prelúdio da 4ª Bachiana Brasileira, de Villa-Lobos
Concerto nº 2 para Piano e Orquestra em Ré Menor, Opus 18
de Sergei Rachmaninoff
Concerto em Sol Maior para Piano e Orquestra, de Maurice Ravel
solista em ambos: Magdalena Tagliaferro
Orquestra Municipal de São Paulo
Theatro Municipal de São Paulo

Prelúdio da 4ª Bachiana Brasileira, de Villa-Lobos
Sinfonia nº 5 (do Novo Mundo) Opus 95, de Anton Dvorak
Concerto nº 1 para Piano e Orquestra, de Alberto Ginastera
Solista piano: João Carlos Martins
Orquestra Sinfônica Nacional
Produção da Rádio Ministério de Educação
Teatro Municipal do Rio de Janeiro

Sinfonia nº 5 em Ré Maior, Opus 25, com coral, de Sergei Prokofieff
Rapsódia Espanhola (com coro), de Maurice Ravel,
Missa de Réquiem para Quarteto Vocal, Coro e Orquestra,
do Padre José Maurício Nunes.
com Assis Pacheco (tenor), Mariângela Rea (contralto), Zuinglio Faustini (baixo), Ângela Aparecida Ferraz (soprano) e Ulla Wolff (soprano)
Regente do coro: Sisto Mechetti
Orquestra Sinfônica Municipal
Theatro Municipal de São Paulo

TEATRO MUNICIPAL

Segunda-feira, 16 de novembro de 1964 às 21 horas

TEMPORADA DE PRIMAVERA

SOCIEDADE CULTURAL DO RIO DE JANEIRO (em formação)
E
DIOGO PACHECO apresentam
★
"HISTÓRIA DO SOLDADO", de Stravinsky-Ramus

PAULO AUTRAN
LUIS LINHARES
GIANFRANCESCO GUARNIERE
COREOGRAFIA: AIDA SLON

EVA WILMA
JAIRO ARCO E FLEXA
CARLOS KROEBER
FIGURINISTA: JEAN LAFRONT

ADAPTAÇAO E DIREÇAO DE FLAVIO RANGEL
★
ELIZETE CARDOSO EM "BACHIANA N.º 5" DE VILA-LOBOS
★
REGENCIA DE DIOGO PACHECO

Ingressos à venda na bilheteria do Teatro Municipal

1963

Missa de Réquiem para Quarteto Vocal, Coro e Orquestra,
do Padre José Maurício Nunes
com Assis Pacheco (tenor), Mariângela Rea (contralto), Zuinglio Faustini (baixo), Ângela Aparecida Ferraz (soprano)
Regente do coro: Sisto Mechetti

Vamos Aloanda, de Camargo Guarnieri,

Os Olhos de Marianita (arranjo), de J.P. Challey

Simple Symphony (Simples Sinfonia), de Benjamin Britten, seguído de

Coral Sinfônico
Regente do Coral Municipal: Sisto Mechetti
Orquestra Sinfônica Municipal
Theatro Municipal de São Paulo

Concerto nº 1 em Ré Menor para Piano e Orquestra, de Brahms
Solista: Gilberto Tinetti
Orquestra Sinfônica Municipal
Theatro Municipal de São Paulo

El Amor Brujo, de Manoel de Falla
Solista: pianista Gilberto Tinetti;

Elegia, de Francisco Mignone
Solista: pianista Gilberto Tinetti

Divertimento para Orquestra, de G. Becerra
Solista: pianista Gilberto Tinetti
Orquestra Sinfônica Municipal
Theatro Municipal de São Paulo

1964

Bachianas Brasileiras no 1 e 5 , de Villa-Lobos
Solista: Elizeth Cardoso

A História do Soldado, de Stravinski
com Paulo Autran, Eva Wilma, Gianfrancesco Guarnieri
Direção cênica: Flávio Rangel
Theatro Municipal de São Paulo

Reprodução do anúncio do espetáculo no Rio de Janeiro
pág 150|151 Ensaiando as *Bachianas Brasileiras*, com Elizeth e Gilberto Tinetti

Bachianas Brasileiras nº 4 e 5 , de Villa-Lobos
Solista: Elizeth Cardoso

Quatuor, de Villa-Lobos
Solistas: Airton Botelho (fagote), Paulo Botelho (oboé), José Botelho (clarinete), Celso Woltzenlogel (flauta)
Teatro Municipal do Rio de Janeiro

Burlesco para Piano e Orquestra, de Richard Strauss
com Fritz Jank ao piano

Quatro Últimas Canções para Soprano e Orquestra, de R. Strauss
com Naida Labay (soprano)

A Grande Páscoa Russa, de Nikolai Rimsky-Korsakov,

Samba, de Alexandre Levy
Orquestra Sinfônica Municipal
Theatro Municipal de São Paulo

Alaíde Alaúde
com a cantora Alaíde Costa
Baladas medievais inglesas em versões de Guilherme de Almeida e Péricles Eugênio da Silva Ramos
Theatro Municipal de São Paulo

1965

Sinfonia nº 5 (do Novo Mundo), de Anton Dvorak

Rapsody in Blue para piano e orquestra, de George Gershwin
Solista ao piano: Pedrinho Mattar

Concerto K 271 para Piano e Orquestra, de Wolfgang Amadeus Mozart,
Solista: Sebastian Benda

Solis Concerto Grosso Opus 3, de F. Geminiani,

Bebé s´endort, de Henrique Oswald

Prelúdio da Bachiana Brasileira nº4, de Villa-Lobos 26-6.
Piano: Pedrinho Mattar
Theatro Municipal de São Paulo

Sete Danças Romenas, de Bela Bartók,

Toccata, de Frescobaldi,

Concerto Grosso em Fá Maior, de Benedeto Marcello, e ***Concerto em Lá Maior para Violoncelo e Orquestra***, de G.C. Wagenseil
Solista: Calixto Corazza
Cinco Peças Infantis, de Camargo Guarnieri

Concerto em Ré Menor para Teclados e Cordas, de Johann Sebastian Bach
Solista: pianista Yara Bernette

Concerto Grosso Opus 6, de Georg Friedrich Haendel

Concerto em Ré Menor para Orquestra de Cordas, de Stravinski

Bachianas Brasileiras nº 9, de Villa-Lobos.

1966

Jovem Guarda em Estilo Clássico, que inclui *Close yours eyes*

A Hard Day's Night, de The Beatles,

A Volta, Mexericos da Candinha, Quero que Vá Tudo para o Inferno, Pescaria, Festa de Arromba, todas de Roberto Carlos e Erasmo Carlos

Pega Ladrão, de G. Cortez

Ternura, de Levitt-Karvin

Lobo Mau, de D. di Muthi

Escreva uma Carta de Amor, de Pilombeta e Tito Silva

Alguém na Multidão, de Rossini Pinto
Com Stella Maris (soprano), Eladio Perez Gonzáles (tenor), Felipe Carone (baixo), Paulo Herculano (cravo e piano)

La Traviata , ópera de Giuseppe Verdi
com Diva Pieranti, Bruno Lazzarini|Benito Maresca, Constanzo Mascitti, Tânia Kruger, Leonilde Provenzano, Ayrton Nobre, Andrea Ramus, Paulo Adônis, Luiz Orefice, João Calil, José Perrota
Direção cênica; Emmerson Eckmann, Melito Gonzáles Sterling
Orquestra Sinfônica Municipal
Theatro Municipal de São Paulo

1967

Señora de Hermosura, Triste Espanha, ou Comamos y Bebamos
todas de J. Del Ensina

Pregão da Ostra, de N. Ferreira,

Ce Moys de May, de C. Jannequin,

Rosa Amarela, Xangô e Estrela é Lua Nova, de Villa-Lobos

Pavanne, de Jehan Tabourot

Funeral de um Rei Nagô e *Leilão*, de Heckel Tavares

Regina – Mulher Rendeira, do folclore nordestino
Coral Popular Mario de Andrade
com Othamar Ribeiro (solista)
Faculdade de Santo André, SP

Il Combatimento di Tancredi e Clorinda, de Claudio Monteverdi
com Marina Svevo, Zuinglio Faustini, Mariângela Rea
Conjunto de Câmara formado para a ocasião
com Paulo Herculano (cravo e piano)
Direção cênica: Marika Gidali
Espetáculo feito para o 4º Centenário de Monteverdi
Cia Diogo Pacheco – Auditório Itália, São Paulo

1968

Cinco Peças Infantis, de Camargo Guarnieri

Sinfonia em Si Bemol Maior, de Johann Sebastian Bach

Concerto para Dois Pianos e Orquestra em Dó Menor
de Johann Sebastian Bach
Solista: João Carlos Martins e José Eduardo Martins

Cantata nº202, de Johann Sebastian Bach
com Henrique Gregori (contratenor), Samuel Kerr (barítono),
Ilka Machado (soprano)

Cavalleria Rusticana, de Pietro Mascagni
com Benito Maresca, Marta Rose, Constanzo Mascitti, Tereza Boschetti,
Lydia Fiori, Tereza Boschetti/Luana Strocoki

Pagliacci, de Ruggero Leoncavallo
com Sergio Albertini, Marta Baschi, Walter Monachesi, Constanzo Mascitti,
Vittorio Pandano
Direção cênica de ambos: Lorenzo Frusca
Orquestra Sinfônica Municipal
Theatro Municipal de São Paulo

1969

Les Bergers de La Nativité Du Seigneur, de Olivier Messiaen
com Samuel Kerr (órgão)

Vive Le Roy, de Josquin Dês Prés (sem data)

Gymnopédies nº 1 e 2, de Eric Satie

Bolero, de Ravel

Concerto para Mão Esquerda, para Piano e Orquestra, de Ravel
Solista: João Carlos Martins (sem data)

Bachianas Brasileiras nº 5, de Villa-Lobos
com Maria Lúcia Godoy (soprano)

Nas Estepes da Ásia Central, poema sinfônico de Alexander Borodin

Serenata para Cordas, de Tchaikovsky

Sinfonia nº 5 em Mi Menor, Opus 64, de Tchaikovsky

Prelúdio da Bachiana Brasileira nº 4, de Villa-Lobos

Cinco Peças Infantis para Cordas, de Camargo Guarnieri

Suíte Aquática (Water Music), de Haendel

1970

Estrela é Lua Nova e *Xangô*, de Villa-Lobos
Solista: soprano Dayse Assumpção

In Stiller Nacht, Arschiedslied, Im Herbst, O Susser Mai, de Brahms

Las, s´il convient, de P. Certon

It Was a Lover, de T. Morley

El Grillo, de J. Dascanio

Nobody Knows, My Good is a Rock, Seen I Will Be Done (Spiritual)

Missa de São Sebastião, de Villa-Lobos
com o Madrigal das Arcadas e o Coral Crioulo no Festival de Inverno de Campos do Jordão, SP

Suite Brasileira, de Camargo Guarnieri,

Rosa Amarela, de Souza Lima

Todo Mi Bien es Perdido, de Ponce 6-12

Prelúdio da Bachiana Brasileira nº 4, de Villa-Lobos

Sinfonia nº 5 em Mi Menor, Opus 64, de Tchaikovsky

1971

Concerto nº 2 para Piano e Orquestra, de Rachmaninoff
Solista: Iris Bianchi

Sinfonia nº 101 – O Relógio, de Haydn

Modinha, da Bachiana Brasileira nº 4, de Villa-Lobos

El Sombrero de Tres Picos, três danças da suíte de Manoel de Falla

Scheherazade, suite sinfônica de Rimsky-Korsakov

Concerto em Lá Maior K.V. 414 para Piano e Orquestra, de Mozart
Solista: Anna Stella Schic
Theatro Municipal de São Paulo

Sinfonia nº 40 Opus 550

1º Concerto em Sol Maior para Flauta e Orquestra, ambos de Mozart
Solista: João Dias Carrasqueira (flauta)

Valsa Triste Opus 44, de Jean Sibelius

Der Freischutz – ouverture, de Carl Maria von Weber
Batuque, de Lorenzo Fernandez

Ária e Allegro, de Henry Purcel

Sinfonia nº 40 em Sol Menor, de Mozart
Sinfonia Clássica em Ré Maior Opus 25, de Prokofieff
Canções da Floresta do Amazonas, de Villa-Lobos
com Maria Lúcia Godoy (soprano)
Capricho Espanhol, de Rimsky-Korsakov
Suíte Brasiliana,
de Camargo Guarnieri

L'Elisir d'Amore, ópera de Gaetano Donizetti
com Ayrton Nobre, Edmar Ferreti, Andrea Ramus, Edilson Costa,
Regina de Bôer, Paola Cristina Andreazza Kruger
Coral Lírico Municipal regido por Marcello Mechetti
Direção cênica: Gianni Ratto
Orquestra Sinfônica Municipal
Theatro Municipal de São Paulo

La Traviata, ópera de Verdi
com Niza de Castro Tank, Alcides Costa, Sandra Deyse, Teresa Deyse,
José Mariava, Luiz Mazzali, Ovídio Moura, Tarcísio Pierdini, Cesar Otavian,
Hely Rodrigues, Adalberto Signorelli, Douglas Zerbo
Encenada em Campinas

1972

Adágio da Rosa (do 1º Ato de A Bela Adormecida), de Tchaikovsky
Pequena Serenata Noturna, de Mozart
Alegria e Glória de um Povo, de R.T. Aguiar
Il Segretto di Susanna, ópera de Ermano Wolf-Ferrari
Com Marta Baschi, Nelson Portella, Myrian Muniz (papel mudo)
I Pagliacci, ópera de Leoncavallo
Com Zaccaria Marques, Marta Baschi, Nelson Portella, Constanzo Mascitti,
Raul Achon
Direção cênica de ambos: Celso Nunes
Orquestra Sinfônica Municipal
Theatro Municipal de São Paulo

Concerto para Piano e Orquestra Opus 54, de Robert Schumann
Bolero, de Maurice Ravel
Serenata para Cordas, de Tchaikovsky
Imbapara, de L. Fernandez

Dois Arabesques, de Claude Debussy
Solista: Sima Halpern (piano)

Quatro Danças Eslavas, de Bela Bártok

Lullaby, coral inglês do século XVII

Sonata para Flauta e Piano em Sol Menor, de Johann Sebastian Bach
Solista (flauta): Ruben Bianchi

Il est bel et bon, de Passerean

Languir Me Fait, de Claudin de Sermisy
Apresentação do Madrigal das Arcadas

Oberon, abertura da ópera, de Von Weber

Sinfonia nº 9 Opus 95, de Dvorak

Concertino para Piano e Orquestra de Câmara, de Camargo Guarnieri
Solista: Laís de Souza Brasil

Alvorada da ópera Lo Schiavo, de Carlos Gomes

1973

Missa de Notre Dame, de Guillaume de Machaut
com Maria da Graça Cruz Dias (soprano), Zuinglio Faustini (baixo),
Samuel Kerr (tenor), Silvia Tessuto (contralto)

Bolero e Concerto para Mão Esquerda (Piano e Orquestra), de Ravel

Concerto para piano e orquestra, de Ginastera

Danças do Bailado Estância, de Ginastera
Solista ao piano: João Carlos Martins
Orquestra Municipal de São Paulo
Theatro Municipal de São Paulo

1974

Concerto nº 5 para Piano e Orquestra (Imperador), de Ludwig van Beethoven
Solista: Anthony Goldstone

Scheherazade, de Rimsky-Korsakov

Concerto nº4 em sol Maior para Piano e Orquestra,
de Ludwig van Beethoven

Cavalleria Rusticana, ópera de Mascagni
com Sergio Di Amorim, Edna Garabedian, Haroldo Lara,
Tereza Boschetti, Ligia Lacerda

págs. 156|157 Reprodução da página do programa das óperas *Il Segreto di Susanna* e *Il Pagiacci*

São Paulo, 13 de Abril de 1972 — às 21 horas

— ÓPERA 72 —

PREFEITURA DO MUNICIPIO DE SÃO PAULO
SECRETARIA DE EDUCAÇÃO E CULTURA
DEPARTAMENTO DE CULTURA

PROGRAMA

1ª Parte

"IL SEGRETO DI SUSANNA"

Intermezzo em 1 ato
Música: ERMANO WOLF - FERRARI — Libreto: ENRICO GOLISCIANI

Personagens	Intérpretes
Susanna	MARTHA BASCHI
Gil	NELSON PORTELLA
Sante	MIRIAM MUNIZ

2ª Parte

"I PAGLIACCI"

Ópera em 2 atos
Música e libreto de RUGGIERO LEONCAVALLO

Personagens	Intérpretes
Canio	ZACCARIA MARQUES
Nedda	MARTHA BASCHI
Tonio	NELSON PORTELLA
Silvio (Prólogo)	COSTANZO MASCITTI
Beppe	RAUL ACHON

Regente: **DIOGO PACHECO** — Encenador: **CELSO NUNES**

Preparador: ALEXANDRE PASCOAL — Diretor do côro: MARCELLO MECHETTI — Coreógrafo: JOHNNY FRANKLIN — Cenários e figurinos: HELIO EICHBAUER — Execução cenográfica e cenotécnica: FRANCISCO GIACCHERI e SALVADOR CEBALLOS — Produção executiva: ROMANO DOMINGUES — Contra-regra: A. ASSUMPÇAO — Chefe costureira: MATHILDE G. ADAS — Chefe eletricista: JOSÉ MANÇO — Penteados: ARNALDO MOSCARDINI — Maquiagem: LEONTIJ TYMOSZCZENKO

Dirteor de palco: ZUINOLIO FAUSTINI
Assistente de coordenação: MARIA ROSA SABATELLI

ORQUESTRA SINFÔNICA MUNICIPAL
CORAL LIRICO MUNICIPAL
CORPO-DE-BAILE DO TEATRO MUNICIPAL

Participação do Coral «Canarinhos Liceanos» do Liceu Coração de Jesus

Agradecemos a:
VIGORELLI DO BRASIL — Rua Marquês de Itú, 70
PERUCAS ANATOLE — Rua Cubatão, 25 - Paraiso - Fone: 288-2363
ANSELMO CERELLO & CIA. LTDA.

RIGOLETTO

Ópera em três atos e quatro cenas
Música ee Giuseppe Verdi (1813-1901)
Libretto de Francesco Maria Piave (1810-1876),
baseado em Le Roi s'Amuse, de Victor Hugo.
Cenário: Mântua, Itália, no século XVI
Primeira produção mundial: Teatro La Fenice, Veneza, 11 de março de 1851
Primeira produção em São Paulo: Teatro São José, 1876 (com Luigi Lelmi, Girolamo Spalazzi, Augusta Cortesi, Jorge Mirandola, Luisa Canepa)

Elencos:	*Internacional*	*Nacional*
Duque de Mântua:	Salvatore Fisichella	Dagoberto de Muro
Rigoletto, seu bufão:	Benito di Bella	Fernando Teixeira
Gilda, filha do bufão:	Carla Basto	Adélia Issa
Sparafucile, um assassino:	Wilson Carrara	Wilson Carrara
Maddalena, irmã do bandido:	Tereza Boschetti	Tereza Boschetti
Giovanna, amiga de Gilda:	Efigênia Cortes	Efigênia Cortes
Conde de Monterone:	Jelvis Mereschi	Jelvis Mereschi
Marullo, um cavaleiro:	Sebastião Sabiá	Sebastião Sabiá
Borsa, um cortesão:	João de Braz	João de Braz
Conde de Ceprano:	Luiz Oréfice	Luiz Oréfice
Condessa de Ceprano:	Vera Lúcia Pessagno	Vera Lúcia Pessagno
Um pajem da condessa:	Daisy Assumpção	Daisy Assumpção

Orquestra, Coro e Corpo de Baile do Teatro Municipal de São Paulo
Coreógrafo: Antônio Carlos Cardoso
Maestro do Coro: Fábio Mechetti
Cenários e figurinos: Teatro Municipal do Rio de Janeiro
Direção de Cena: Renzo Frusca
REGÊNCIA: DIOGO PACHECO

RESUMO DA ÓPERA

Primeiro Ato - Primeira Cena

No palácio ducal de Mântua, seu dissoluto ocupante, o Duque, entretém seus cortesãos com as histórias de suas aventuras e seus ocupantes. Jovem, simpático, galante e charmoso, o Duque não tem consciência de sua leviandade. *Questa o quella per me pari sono e quant'altre d'intorno mi vedo* - ele conta, caloroso e irresponsável: "Esta ou aquela, não vejo diferenças entre as mulheres que estão à minha volta". Conta que tem uma nova amante, quase uma menina, seduzida em plena igreja. Nada sabe sobre ela. A não ser que seria noiva de alguém desconhecido. Ao menos a garota costuma receber as visitas constantes de um homem.

O ambiente é de festa. Muitos dançam. E o Duque, sempre esquecido de sua anterior paixão, corteja sem inibições a Condessa de Ceprano - mais uma das damas que conquistou com a ajuda de seu fiel bufão, o disforme Rigoletto. Pobre, feio, sofrido, Rigoletto espalha seu cinismo entre os nobres que ironizam sua infelicidade. Alguém acusa: o bufão estaria apaixonado. E que maravilhoso seria, para a graça daquela gente, se um belo rapaz lhe roubasse a namorada. Planeja-se a trama: enganar Rigoletto, uma bela vingança para quem foi tantas vezes humilhado pela língua ferina do bufão. Rigoletto será seguido. E traído.

O Conde de Monterone interrompe o baile. Quer satisfações do Duque. Homem idoso, não admite o fato de o aristocrata ter desonrado sua filha. O Duque ri-se do velho. E Monterone, em resposta, pragueja contra Rigoletto, o perverso bufão.

Rigoletto, apavorado que a maldição tombe sobre sua filha, vai-se embora.

Primeiro Ato - Segunda Cena

Numa rua escura de Mântua, o bufão caminha para sua casa. A casa em que, ele supõe, sua filha Gilda se esconde, protegida dos pecados do mundo, acompanhada apenas por sua amiga Giovanna. É Gilda a pretensa namorada do bufão. Sua filha. Não mora qualquer amante naquela casa tão afastada do palácio do Duque.

Ainda transtornado pela praga de Monterone, o bufão se encontra com Sparafucile, um matador profissional. O assassino, em busca de trabalho e dinheiro, lhe oferece seus serviços. Não teria Rigoletto um rival? Pois se tivesse, seria eliminado pela arma afiada de Sparafucile. Rigoleto recusa. Mas não consegue tirar o matador de seu pensamento. *Pari siamo! Io la lingua, egli ha il pugnale!* "Somos iguais, eu com a língua, ele com seu punhal"! Rigoletto entoa de modo soturno e pungente a sua definição. Até que a beleza suave de Gilda o liberta de suas angústias. Depois de um comovido dueto, o pai se despede da filha e pede a Giovanna que não abandone Gilda um instante sequer: *Ah! veglia, o donna, questo fiore cha a te puro confidai.* "Cuida, mulher, desta flor delicada que te confio".

Rigoletto vai-se embora. Aparece o Duque, disfarçado como o estudante que, na igreja, declarara a Gilda o seu amor. Gilda, a princípio, lhe pede que a deixe só. Mas sucumbe à tentação do Duque, e se entrega a ele, sem sequer saber seu nome verdadeiro. Gualtier Maldè, assim o Duque lhe dissera que se chamava.

Ouvem-se passos. O Duque se retira. E Gilda, apaixonada, invoca aquele a quem deu seu amor: *Caro nome che il mio cor festi primo palpitar.* "Nome querido, o primeiro a fazer palpitar o meu coração".

Enquanto ela canta, ouvem-se vozes. São os cortesãos do Duque. Rigoleto, de fato, fora seguido. Aquela, sim, seria a sua amante. Por que não raptá-la?

Borsa, Ceprano, Marullo e outros assaltam a casa de Gilda e seqüestram a moça. À saída se encontram com Rigoletto, e brincam com o bufão. Aquela mulher? Apenas a Condessa de Cepreno, objeto de uma piada feita pelo próprio esposo. Instantes depois, Rigoletto descobre a verdade. A praga de Monterone se realizava.

Segundo Ato

O Duque, num dos salões de seu palácio, se descontrola ao saber que Gilda desapareceu. *Ella mi fu rapita.* "Ela me foi raptada", ele canta o seu desconsolo. Seus cortesãos o cercam e entre alegres e sinistros relatam ao Duque que seqüestraram a amante do bufão Rigoletto. O Duque recupera a sua superficialidade e decide visitar a mulher, escondida num quarto do palácio. Os outros, enquanto isso, se divertem às custas do bufão que se aproxima. Uma pausa, um instante de silêncio. Rigoletto se controla, não quer demonstrar a mágoa e o ódio que simultaneamente está sentindo. Não quer, porque não pode. Precisa se informar sobre sua filha. Investiga a sala em busca de vestígios de presença de Gilda.

Surge um pajem à procura do Duque. Respondem-lhe que o Duque saiu, foi à caça. E quando o pajem estranha, o coro de circunstantes ri de sua ingenuidade, informando-lhe que o Duque, sim, está, só que não quer ser incomodado.

Rigoleto compreende então. Gilda está lá mesmo, no palácio. E com o Duque. Desesperado, pede que lhe devolvam a jovem que lhe raptaram. Os cortesãos o humilham, o machucam. Que procure a sua amante em outro lugar. Atônito, Rigoletto lhes revela a verdade: Gilda é sua filha, jamais sua mulher. Corre em direção à porta de saída, em busca do Duque e da garota. Mas todos lhe barram a entrada. *Cortigiani, vil razza dannata.* "Cortesãos, raça vil e danada", é o que brada o bufão, para depois lhes pedir piedade. Rigoletto chora.

Gilda entra no salão e se atira nos braços do pai. Rigoletto começa a sorrir. Mas Gilda não está feliz. O bufão, outra vez irado, investe contra os cortesãos que, murmurando a sua desconsideração, retiram-se da cena.

Rigoletto deixa-se tombar numa cadeira e escuta Gilda falar-lhe de seu amor, de seu engano a de sua desventura. Rigoletto tenta consolar a filha, promete-lhe que se mudarão de Mântua, iniciando vida em outra cidade. Um escudeiro, porém, interrompe o dueto. Vem com ele o velho Monterone, escoltado pelos soldados que o levarão preso por ordem do Duque. De passagem, diante de um retrato do Duque, Monterone lastima sua sorte, a inutilidade de sua praga. Rigoletto pula diante de Monterone e lhe assegura que será vingado.

Terceiro Ato

Às redondezas de uma estalagem nas margens do rio Mincio. Noite. Na estalagem, Sparafucile está sentado à sua mesa. Chegam Rigoletto e Gilda. O bufão sabe que logo aparecerá o Duque de Mântua. Quer mostrar à filha como o Duque é superficial e leviano. De fato, entra o Duque e pede a Sparafucile que lhe sirva vinho e lhe consiga um quarto. Tem um encontro amoroso, não pode perder tempo. Enquanto espera, o Duque canta: *La donna è mobile.* "A mulher é volúvel". Na verdade, o Duque apenas define o seu próprio caráter.

Será Maddalena, a irmã do matador, a sua parceira daquela noite. Enquanto o Duque e Maddalena bebem e brincam, Sparafucile sai da estalagem, à procura de Rigoletto, escondido à espera do matador. Os dois combinam o assassinio do Duque. Mas como convencer Gilda a apoiar a idéia? Rigoletto não precisa fazer nenhum esforço. O Duque, insistindo na conquista de Maddalena, inicia o quarteto *Bella figlia dell'amore,* em louvor a Maddalena. Gilda padece o drama do amor desenganado. Rigoletto insiste na punição do Duque. A filha enfim aceita.

Rigoletto lhe pede que vista roupas masculinas e fuja para Verona. Depois da morte do Duque irá encontrar-se com a garota. Gilda obedece. Rigoletto volta a conversar com o matador. Acertam-se os últimos detalhes da vingança. O bufão dá vinte moedas a Sparafucile. Outras tantas serão pagas contra a entrega do corpo do Duque. Tudo certo. Basta esperar.

Uma tempestade ameaça desabar. O Duque decide dormir na estalagem. Maddalena, emtusiasmada com o ímpeto do companheiro de amor, resolve pedir ao irmão que lhe poupe a vida. Que Sparafucile mate Rigoletto - assim terá as outras vinte moedas. Sparafucile, porém, prefere outra idéia. Morrerá, em lugar do Duque, o primeiro hóspede a procurar abrigo na estalagem. Depois, seu corpo será enfiado num saco - para que Rigoletto possa jogá-lo no rio.

Gilda, no entanto, havia voltado. Sua paixão pelo Duque se provara mais forte do que seu ódio. Do lado de fora da estalagem ela ouvira a combinação de Sparafucile e Maddalena. Resolve sacrificar-se. Pede alojamento.

A tempestade irrompe. Passam-se alguns momentos de fúria. Quando a chuva amaina, aparece Rigoletto. Sparafucile lhe entrega o saco com o corpo, supõe Rigoletto, do Duque de Mântua. O bufão arrasta o saco até a margem do rio, a fim de cumprir a última etapa de sua vingança. De repente, porém, um som corta a noite e faz o bufão tremer. É a voz do Duque, entoando *La donna è mobile.*

Uma alucinação? Rigoletto decide checar. Abre o saco e depara com sua própria filha prestes a morrer. Num último alento, Gilda pede ao pai que perdoe o Duque. Rigoletto tomba sobre ela, gritando: *Ah! La maledizione!*

ELENCO

Aída, *princesa etíope em cativeiro*	Ghena Dimitrova, *soprano* 7, 10 e 12 de outubro
	Ida Miccolis, *soprano* 15, 17 e 19 de outubro
Amneris, *filha do rei do Egito*	Maria Luisa Nave, *meio-soprano* 7, 10 e 12 de outubro
	Glória Queiroz, *meio-soprano* 15, 17 e 19 de outubro
adamés, *capitão das guardas egípcias*	Francisco Lázaro, *tenor* 7, 10 e 12 de outubro
	Assis Pacheco, *tenor* 15, 17 e 19 de outubro
Amonasro, *rei da Etiópia, pai de Aída*	Garbis Boyajian, *barítono* 7, 10 e 12 de outubro
	Fernando Teixeira, *barítono* 15, 17 e 19 de outubro
Ramfis, *sumo sacerdote do Egito*	Mario Rinaudo, *baixo* 7, 10 e 12 de outubro
	Zuínglio Faustini, *baixo* 15, 17 e 19 de outubro
O Rei do Egito	Carlo Del Bosco, *baixo* 7, 10 e 12 de outubro
	Benedito Silva, *baixo* 15, 17 e 19 de outubro
Um Mensageiro	Assadur Kiulhtzian, *tenor*
Sacerdotisa	Renata Lucci, *soprano*
bailarinos solistas	Rosângela Calheiros Carlos Demitre, *pas-de-deux* Alphonse Poulin, *variação*

maestros regentes	Giuseppe Morelli 7, 10 e 12 de outubro Diogo Pacheco 15 e 17 de outubro Tullio Colacioppo 19 de outubro
régisseur	Lorenzo Frusca
cenógrafo	Aldo Calvo
maestros do coral lírico	Marcello Mechetti Oreste Sinatra
coreografia da dança do templo e da dança do triunfo	Antonio Carlos Cardoso
coreografia da dança dos jovens escravos núbios	Marília Franco
diretor de cenotécnica	Francisco Giaccheri
diretor de cena	Emmerson Eckmann

assistente do coreógrafo	Iracity Cardoso
maîtres-de-ballet	Marilena Ansaldi Victor Navarro
maestros internos	Marcello Mechetti, Oreste Sinatra
maestrina preparadora e ponto	Hermínia Russo
pianista preparador	Oleg Kuznecov
assistente de cenotécnica	Salvador Ceballos
chefe da contra-regra	Avelar Assumpção
produtor	Darcy Theodoro Jarussi
chefe do guarda roupa	Mathilde Godoy Adas
costureira do corpo de baile	Maria Cristina Tavares
chefe da cabine eletrônica	José Augusto Manço
maquilagem	Leontij Tymoszczenko
perucas, penteados	Arnaldo Moscardini
encarregado do som	Luís Navarro
locutor, narrador	Dráuzio de Campos Batista

I Pagliacci, de Leoncavallo
com Gastone Limarilli, Marta Naschi, Benito di Bella, Fernando Teixeira, Assadur Kiultzian, Luiz Orefice, João de Braz
Direção cênica: Carlo Accly Azzolini
Orquestra Municipal de São Paulo
Theatro Municipal de São Paulo

1975

Concerto Brandenburguês nº 6 p/ 2 violas de gamba, violoncelo e cravo
com Peres Dworecki e Michel Verebes (viola de gamba), Edward Sienkiewicz (violoncelo), Ana Lucia Altino (cravo)

Concerto em Sol para Violino e Orquestra, solista Lola Benda

Cantata do Café nº 211, com Ulla Wolff (soprano), Aldo Baldin (tenor), Zuinglio Faustini (baixo)

Concerto nº 1 para Piano e Orquestra, todos de Johann Sebastian Bach
Solista ao piano do Concerto nº 1: João Carlos Martins

Rapsódia Espanhola e La Valse (poema coreográfico), de Ravel

Concerto em Sol Maior para Piano e Orquestra e Concerto para a mão esquerda para piano e orquestra, de Ravel
Solista: Maria da Penha

Concerto nº 5 para Piano e Orquestra (Imperador), de Ludwig van Beethoven
Solista: Antonio Barbosa

Adagietto da 5ª Sinfonia, de Gustav Mahler

Uirapuru, de Villa-Lobos

The Illuminations, Serenata para Tenor, Trompa e Orquestra, de Britten
Solista: Eny Camargo

Adagietto da 5ª Sinfonia, de Gustav Mahler,
La Valse, de Ravel

Uirapuru, de Villa-Lobos

Sinfonia Espanhola Opus 21 para Violino e orquestra, de Édouard Lalo
Solista: Ruggiero Ricci

Sinfonia de Salmos para Coro Misto e Orquestra, de Stravinski

Concerto nº 4 para Piano e Orquestra de Villa-Lobos
Solista: Claudio Richerme

Gymnopédies, de Satie

Aida, ópera de Verdi
com Ghena Diumitrova, Ida Miccolis, Assis Pacheco, Francisco Lazaro, Maria Luisa Nave/Glória Queiroz, Garbos Boyajian, Fernando Teixeira, Zuinglio Faustini, Assadur Kiulhtzian, Renata Lucci, Benedito Silva
Regências alternadas com: Giuseppe Morelli/Túlio Colacciopo
Direção cênica: Lorenzo Frusca
Orquestra Sinfônica Municipal
Theatro Municipal de São Paulo

1976

Oratorium Festo Paschali – "Kommt, eilet und Laufet",
de Johann Sebastian Bach

Missa de Réquiem, do padre J.M. Nunes 15-4

Concerto em Lá Maior para Clarinete e Orquestra, de Mozart
Solista: Leonardo Righi

Concerto nº 4 em Lá Maior para piano e orquestra
Solista (piano) Ana Lucia Altino

Concerto Brandenburguês nº 4 para duas flautas, violinos, orquestra de cordas,
com Rafael Garcia (violino), Jean Noel Saghaard (flauta) e Therezinha Saghaard (cravo)

Concerto Brandenburguês nº 2 em fá maior para trompa, violino, oboé, flauta e orquestra.
Solistas: Emilio Pellejero (violino), Renato Axelrud (flauta), Benito Sanchez (oboé)

Cantata nº 137 "Louvai ao Senhor, o Poderoso Rei da Glória", para Coro Misto e Orquestra, todos de Johann Sebastian Bach

Sinfonia Concertante para Flauta, Trompa e Fagote, de Luigi Boccherini
com Renato Axelrud (flauta), Marc Spetalnik (trompa), Alain Lacour (fagote)

Concerto Duplo em Sol Maior para Flauta, Oboé e Orquestra

Concerto para Oboé e Orquestra, ambos de Domenico Cimarosa
Solistas: Salvador Masano (oboé), Jean Noel Saghaard (flauta)

Concerto número 1 para Piano e Orquestra, de Brahms

Concerto número 2 para Piano e Orquestra, de Brahms
Solista: Fernando Lopes

Concerto em Sol Maior para Flauta e Orquestra, de Giovanni Pergolesi
Solista: Jean Noel Saghaard

Sinfonia nº 5 em Mi Menor, Opus 64, de Tchaikovsky
Abertura Zemira, de Padre José Maurício Nunes

Cantata nº 137 e *Ária da Suíte nº 3*, de Johann Sebastian Bach
Viola Enluarada, de Marcos Vale

Sinfonia em Ré Menor, de Cesar Franck

Uirapuru, de Villa-Lobos

Introduction et Rondo Capriccioso, Opus 28, para violino e orquestra
de Camile Saint-Saens
Solista (violino): Cussy de Almeida

Concerto nº 1 para piano e orquestra, Opus 15, de Brahms
Solista: Ana Lúcia Altino

Concerto nº 2 para Piano e Orquestra, Opus 83, de Brahms
Solista: Fernando Lopes

1º Movimento da Sinfonia Para Instrumentos de Sopro (versão 1947)

Missa para Coro Misto e Quinteto Duplo de Sopro, de Stravinski
com Charles Cornisch (tenor), Zuinglio Faustini (baixo), Maria Lúcia Godoy (soprano), Wilson Marques (tenor)

Missa da Coroação K317 para Solistas, Coro e Orquestra, de Mozart
com Maria Lúcia Godoy (soprano), Zuinglio Faustini (baixo), Lenice Prioli (contralto), Wilson Marques (tenor)

Ave Maria, Pater Noster, Credo (todos a capela) e Missa (com orquestra)
de Stravinski

Exultate Deo (a capela), de A. Scarlatti

Abertura da ópera Le Nozze de Figaro, de Mozart

Ária Deh Vieni non Tardar, da mesma ópera
Solista: Maria Kareska (soprano)

Missa da Coroação K 317, de Mozart
com Victoria Kerbay (soprano), Lenice Prioli (contralto), Wilson Marques (tenor), Tarcísio Teixeira (baixo)

Concerto em Lá Menor para Violino e *Orquestra de Johan Sebastian Bach*
Solista: Tatsunobu Goto
Sinfonia nº 4, de Felix Mendelssohn-Bartholdy

1977

Concerto nº 2 para Piano e Orquestra, de Brahms,
Solista (piano): Denis Akel

Abertura da ópera Don Giovanni e Concerto para Flauta e Orquestra, K 313, ambos de Mozart
Solista (flauta): José Coelho de Almeida Jr.

Ouverture da suíte nº 3 e Cantata nº 53 para baixo e orquestra de cordas, de Johann Sebastian Bach
com Ruy Corbani dos Santos Caio (baixo)

Concerto nº 21 para Piano e Orquestra em Dó Maior, KV 467, de Mozart
Solista: Fábio Luz

Concerto para Piano e Instrumentos de Sopro, de Stravinski
Solista: Fabio Luiz Caramuru (piano)

Abertura da ópera Le Nozze di Fígaro, de Mozart

The Messiah (But Who May Abide the Day of His Comming, de Handel
com Ruy Corbani dos Santos Caio (baixo)

Concerto em Dó Maior para Oboé e Orquestra, de Haydn
Solista: Carlos Eduardo da Fonseca

Gratulations – Minueto para Orquestra nº 3, de Ludwig van Beethoven

Duas Árias para Baixo e Orquestra (nº 80 e 90); Terceto "Tremate, empi, Tremate" Opus 116 para Soprano, Tenor e Baixo; de Ludwig van Beethoven

Canção Elegíaca opus 118, de Ludwig van Beethoven
com Zuinglio Faustini (baixo), Adélia Issa (soprano), Mariângela Rea (contralto), Luiz Tenaglia (tenor)

Marcha Allá Turca nº 4 (de As Ruínas de Atenas), de Ludwig van Beethoven

Grande Fuga em Si Bemol Maior, Opus 133, de Ludwig van Beethoven
Orquestra Sinfônica do Estado de São Paulo (Osesp)
Teatro de Cultura Artística, São Paulo, SP

Rondó em Si Bemol Maior para piano e Orquestra
de Ludwig van Beethoven
Solista: Giuliano Montini

Marcha Triunfal e A Vitória de Wellington, Opus 91
de Ludwig van Beethoven

Missa em Dó, Opus 86, de Ludwig van Beethoven
com Tieko Adachi (mezzo-soprano), Neide Carvalho (soprano), Eduardo Álvares (tenor), Edilson Costa (baixo)

Cantata "Ascensão de Leopoldo II", de Ludwig van Beethoven,
com Vitoria Kerbay (soprano)

Coriolano (ouverture)
Sinfonia nº 6 (A Pastoral) e Concerto para Violino e Orquestra Opus 61
de Ludwig van Beethoven
Solista (violino): Salvatore Accardo
Orquestra Sinfônica do Estado de São Paulo (Osesp)
Teatro de Cultura Artística, São Paulo, SP

Homenagem ao Sesquicentenário da Morte de Beethoven
Egmont (música para a tragédia de Goethe) abertura e 9 números.
Narrador: Raul Cortez, Soprano: Maria Kareska, Oboé: Timothy Valentine
Sinfonia nº 8 em Fá Maior, de Ludwig van Beethoven.
Orquestra Sinfônica do Estado de São Paulo (Osesp)
Teatro de Cultura Artística, São Paulo, SP

Ária da Suíte nº 3, de Johann Sebastian Bach

Concerto para Piano e Orquestra em Ré Menor, de Johann Sebastian Bach
Solista: João Carlos Martins

Adágio para Clarinete e Orquestra de Cordas, de Wagner,
Solista (clarinete): Célia Aidar

1º Movimento do Concerto para Oboé e Corda, de Benedito Marcello
Solista: Arcádio Minczuk (oboé)

Concerto para Piano e Orquestra nº 17, em Sol Maior, de Mozart
Solista: Esther Erkel

Sinfonia nº 5, de Ludwig van Beethoven

Ah! Pérfido! (Opus 65) – cena e ária, de Ludwig van Beethoven
Solista: Agnes Ayres (soprano)

Cantilena para Orquestra de Cordas, de N. Lombardi

1978

O Guarani, ópera de Carlos Gomes
Orquestra Municipal de Campinas
Solistas: Nilza de Castro Tank,
Theatro Municipal de Campinas

Scheherazade, suíte sinfônica de Rimsky-Korsakov
Solista: Ayron Pinto (violino)

Abertura em Dó Maior D591, Opus 170, de Franz Schubert

Concerto para Oboé e Orquestra, de Schubert
em homenagem ao sesquicentenário da morte de Schubert
Solista Breno Blauth

Guia de Orquestra para a Juventude, de Britten
Orquestra Sinfônica do Estado de São Paulo (Osesp)
Teatro de Cultura Artística, São Paulo, SP

Protofonia da ópera O Guarani, de Carlos Gomes

Sinfonia Nº 5, Opus 67, de Ludwig van Beethoven

Scheherazade, suíte sinfônica de Rimsky-Korsakov
Solista: Ayron Pinto (violino)

Missa nº 2 em Sol Maior para Trio Vocal, Solista, Coro, Órgão e Orquestra de Schubert. Com Assis Pacheco (tenor), Ruth Staerke (soprano), Carlos Dittert (baixo)

Ave Regina Celorum, para Contralto e orquestra de José Joaquim Emérico Lobo de Mesquita,
Solista: Lenice Prioli (contralto)

Concerto nº 2 para Piano e Orquestra, de Camargo Guarnieri
Solista: Vanya Elias-José
Orquestra Sinfônica do Estado de São Paulo (Osesp)
Teatro de Cultura Artística, São Paulo, SP

Sinfonia da Despedida, nº 45, de Franz Joseph Haydn

Sinfonia Opus 21, de A. Webern

Concerto para Oboé e Orquestra, de B. Blauth
Solista: Walter Bianchi

Sinfonia nº3 , de Schubert

Biosfera, de Marlos Nobre

Llanto por Ignácio Sanchez Mejias, de Maurice Ohana
com Eladio Perez Gonzalez (barítono e narrador) Helena Hollnagel (cravo)
Vozes femininas do Coral Luther King
Orquestra Sinfônica do Estado de São Paulo (Osesp)
Teatro de Cultura Artística, São Paulo, SP

1979

Pavane pour une infante défunte e *Bolero*, de Ravel

La Timide, La Poule do VIº Concerto em Sextuor, de Jean Philippe Rameau

L´Arlesienne, suíte nº 2, de Georges Bizet

Gymnopédies I e II, de Satie

Concerto para Piano e Orquestra em Ré Menor (1º Movimento), de Johann Sebastian Bach; solista João Carlos Martins

Concerto para Quatro Pianos, de Johann Sebastian Bach
com Arthur Moreira Lima, João Carlos Martins, Attilio Mastrogiovanni e Sergio Varella Cid
Festival de Campos do Jordão

Cinco Prelúdios e Fugas do 1º Volume do Cravo Bem Temperado
de Johann Sebastian Bach
Solista: João Carlos Martins

Concerto para Dois Pianos e Orquestra de Cordas em Dó Menor
de Johann Sebastian Bach
Solistas: João Carlos Martins e Arthur Moreira Lima

Variações Opus 2, de Frederic Chopin, sobre o tema "Là Ci Dare La Mano", da ópera *Don Giovanni*, de Mozart
Solista: Arthur Moreira Lima

Contrapunto Bestiale Allá Mente, de Banchieri

Pavanne, de Toinot Arbeau

Mille Regretz, de J. des Prés

Scheherazade, Festival de Bagdá e *O Mar*, de Rimsky-Korsakov

Danúbio Azul, de Richard Strauss

Bachianas Brasileiras nº4 – Ária (cantiga), de Villa-Lobos

Aida, Marcha A Triunfal, da ópera de Verdi

1980

La Traviata, abertura do 1º Ato da ópera, de Verdi
com Adélia Issa (soprano)

Rigoletto, de Giuseppe Verdi
com Fernando Teixeira/Benito Di Bella, Carla Basto/Teresa Godoy, Salvatore Fisichella/Dagoberto de Muro, Wilson Carrara, Tereza Boschetti, Daisy Assumpção, João de Braz, Efigênia Cortes, Jelvis Mareschi, Sebastião Sabiá, Luiz Oréfice, Vera Lúcia Pessagno
Direção cênica: Renzo Frusca
Coro regido por Fábio Mechetti
Orquestra Sinfônica Municipal
Theatro Municipal de São Paulo

Il Matrimonio Secreto, de Domenico Cimarosa
com Tereza Godoy, Marta Baschi, Tereza Boschetti, Hector Pace, Luiz Orefice, Boris Farina
Direção cênica: Renzo Frusca
Orquestra Sinfônica Municipal
Theatro Municipal de São Paulo

Sinfonia Nº 5, Opus 67, de Ludwig van Beethoven

1981

Cavalleria Rusticana, de Pietro Mascagni
com Amaury René/José Malfitani, Berenice Pace/Graciela Araya Altamirano, Fernando Teixeira/Sebastião Sabiá
Direção cênica: Gianni Ratto
Orquestra Sinfônica Municipal
Theatro Municipal de São Paulo

1982

La Bohème, de Giacomo Puccini
com Mauricio Frusoni/Eduardo Alvares, Rita Continio, Sienia Couto, Marta Baschi, Ruth Staerke, Fernando Teixeira, Andrea Ramus
Direção cênica: Silney Silqueira
Orquestra Sinfônica Municipal
Theatro Municipal de São Paulo

MacBeth, de Giuseppe Verdi
com Antonio Boyer, Fernando Teixeira, Andrea Ramus, Mabel Valeris, Giuseppina Dalle Molle, Amaury René, Wilson Carrara
Direção cênica: Walter Cataldi Tassoni
Regências alternadas com Tullio Collacioppo
Orquestra Sinfônica Municipal
Theatro Municipal de São Paulo

Concerto Sinfônico da Primavera com
Estigma para Orquestra de Cordas, de Cussy de Almeida
Concerto nº 2 para Piano e Orquestra, de Rachmaninoff
Solista: Arnaldo Cohen

Perséphone, de Stravinski
melodrama em três partes do texto de André Gide, com coro misto
Tenor: Aldo Lorse; Narração: Annie Lacoer; Coral Bacarelli
Orquestra Sinfônica do Estado de São Paulo (Osesp)
Teatro de Cultura Artística, São Paulo, SP

Teatro de ficção e Cinema

A seguir, as trilhas compostas ou selecionadas para cinema e espetáculos teatrais com peças de ficção.

1956

Eurídice, de Jean Anouilh
Direção: Gianni Ratto
com Walmor Chagas, Raul Cortez, Cleyde Yáconis, Sadi Cabral, Fernanda Montenegro, Fernando Torres, Dina Lisboa, Leonardo Villar
Teatro Brasileiro de Comédia, São Paulo, SP

1962

Yerma, de Federico García Lorca
Direção: Antunes Filho
com Cleyde Yáconis, Berta Zemel, Dina Lisboa, Lélia Abramo, Raul Cortez, Altair Lima, Carmen Silva, Riva Nimitz, Stênio Garcia
Teatro Brasileiro de Comédia, São Paulo, SP

1964

Vereda da Salvação, de Jorge Andrade
Direção: Antunes Filho
com Raul Cortez, Lélia Abramo, Cleyde Yáconis, Aracy Balabanian, Stenio Garcia, Ruth de Souza, Esther Mellinger, Renato Restier
Teatro Brasileiro de Comédia, São Paulo, SP

Vereda da Salvação (versão cinematográfica)
Direção: Anselmo Duarte
com Raul Cortez, Lélia Abramo, José Parisi, Esther Mellinger, Margarida Cardoso, Stênio Garcia

1971

As Aventuras de Peer Gynt, de Henrik Ibsen
Direção: Antunes Filho
com Stênio Garcia, Ewerton de Castro, Ariclê Perez, Ivete Bonfá, Jonas Bloch, Analy Alvarez, Clemente Viscaino, Paulo Hesse

Desde 1981 até 2006 regeu mais de mil manifestações com corais, alguns criados por ele. Como os da Fundação Armando Álvares Penteado, do Coral Crioulo, do Club Athletico Paulistano. Além de ter sido diretor artístico da Orquestra Sinfônica do Recife entre 1991 e 1992, e de lecionar em várias escolas, liderou por muitos anos a bem-sucedida série de Concertos de Natal, em vários locais (igrejas, shoppings, escolas, praças e parques, estádios, etc.) de São Paulo e de outras cidades do Brasil, com a participação de atores como Dionísio Azevedo, Sérgio Mamberti, Marcos Breda, Raul Cortez e Lima Duarte. Uma indústria e um banco patrocinaram essas apresentações.

Prêmios

1960

Gertrude Robinson Smith – melhor aluno na Berkshire Music em Tanglewood, EUA

1962

APCA (Associação Paulista de Críticos de Arte): melhor regente

1964

Saci (Cinema) – Melhor música por Vereda da Salvação
Governador do Estado (cinema) pela música de Vereda da Salvação

Diogo regendo o Coral Crioulo
Diogo regendo na FAAP (Fundação Armando Álvares Penteado)

O presidente Fernando Henrique Cardoso entregando prêmio à Diogo
Paulo Autran ensaiando *A História do Soldado*

2000

Comendador da Ordem do Ipiranga do Governo do Estado de São Paulo, entregue pelo governador Geraldo Alckmin

2001

Comendador pela Ordem do Mérito Federal, entregue pelo presidente Fernando Henrique Cardoso

2004

Prêmio Eleazar de Carvalho, concedido pelo Ministério da Cultura

2005

Prêmio Especial Carlos Gomes
Pelo conjunto de sua obra, em cerimônia no Teatro São Pedro, em São Paulo

Gravação (LP)
Concerto para Trompa e Orquestra, de Mozart
Solista: Roberto Minzuck
Selo Eldorado

Bibliografia

Ópera em São Paulo 1952-2005, de Sergio Casoy (Edusp – Editora da Universidade de São Paulo, 2006)

Música nas Montanhas: 40 Anos do Festival de Inverno de Campos do Jordão (Santa Marcelina Cultura, 2009)

Cem Anos de Teatro em São Paulo (1875-1974), de Sábato Magaldi, Maria Thereza Vargas (Editora SENAC, SP, 2000)

Nosso Século (Abril Cultural, 1980)

www.estadao.com.br

http://www.portal.prefeitura.sp.gov.br/secretaria/cultura/theatromunicipal

Créditos das fotografias

Acervo pessoal | divulgação 113, 114, 117, 121,122

Cinedistri 84, 85

Heloísa Bortz (cantora Céline Imbert) 111

Myrmidom Press and Photo (cantora Rosana Lamosa) 55

PHPhoto (cantora Rosana Lamosa) 118

Zdnek Chrapeh (acervo pessoal Diogo) 108

Zelda Mello (Fernando Gueiros) 126

Warner Home 74, 86, 87

A despeito dos esforços de pesquisa empreendidos pela Editora para identificar a autoria das fotos expostas nesta obra, parte delas não é de autoria conhecida de seus organizadores. Agradecemos o envio ou comunicação de toda informação relativa à autoria e/ou a outros dados que porventura estejam incompletos, para que sejam devidamente creditados.

Coleção Aplauso

SÉRIE CINEMA BRASIL

Alain Fresnot – Um Cineasta sem Alma
Alain Fresnot

Agostinho Martins Pereira – Um Idealista
Máximo Barro

Alfredo Sternheim – Um Insólito Destino
Alfredo Sternheim

O Ano em Que Meus Pais Saíram de Férias
Roteiro de Cláudio Galperin, Bráulio Mantovani, Anna Muylaert e Cao Hamburger

Anselmo Duarte – O Homem da Palma de Ouro
Luiz Carlos Merten

Antonio Carlos da Fontoura – Espelho da Alma
Rodrigo Murat

Ary Fernandes – Sua Fascinante História
Antônio Leão da Silva Neto

O Bandido da Luz Vermelha
Roteiro de Rogério Sganzerla

Batismo de Sangue
Roteiro de Dani Patarra e Helvécio Ratton

Bens Confiscados
Roteiro comentado pelos seus autores Daniel Chaia e Carlos Reichenbach

Braz Chediak – Fragmentos de uma vida
Sérgio Rodrigo Reis

Cabra-Cega
Roteiro de Di Moretti, comentado por Toni Venturi e Ricardo Kauffman

O Caçador de Diamantes
Roteiro de Vittorio Capellaro, comentado por Máximo Barro

Carlos Coimbra – Um Homem Raro
Luiz Carlos Merten

Carlos Reichenbach – O Cinema Como Razão de Viver
Marcelo Lyra

A Cartomante
Roteiro comentado por seu autor Wagner de Assis

Casa de Meninas
Romance original e roteiro de Inácio Araújo

O Caso dos Irmãos Naves
Roteiro de Jean-Claude Bernardet e Luis Sérgio Person

O Céu de Suely
Roteiro de Karim Aïnouz, Felipe Bragança e Maurício Zacharias

Chega de Saudade
Roteiro de Luiz Bolognesi

Cidade dos Homens
Roteiro de Elena Soárez

Como Fazer um Filme de Amor
Roteiro escrito e comentado por Luiz Moura e José Roberto Torero

O Contador de Histórias
Roteiro de Luiz Villaça, Mariana Veríssimo, Maurício Arruda e José Roberto Torero

Críticas de B.J. Duarte – Paixão, Polêmica e Generosidade
Luiz Antonio Souza Lima de Macedo

Críticas de Edmar Pereira – Razão e Sensibilidade
Org. Luiz Carlos Merten

Críticas de Jairo Ferreira – Críticas de invenção: Os Anos do São Paulo Shimbun
Org. Alessandro Gamo

Críticas de Luiz Geraldo de Miranda Leão – Analisando Cinema: Críticas de LG
Org. Aurora Miranda Leão

Críticas de Ruben Biáfora – A Coragem de Ser
Org. Carlos M. Motta e José Júlio Spiewak

De Passagem
Roteiro de Cláudio Yosida e Direção de Ricardo Elias

Desmundo
Roteiro de Alain Fresnot, Anna Muylaert e Sabina Anzuategui

Djalma Limongi Batista – Livre Pensador
Marcel Nadale

Dogma Feijoada: O Cinema Negro Brasileiro
Jeferson De

Dois Córregos
Roteiro de Carlos Reichenbach

A Dona da História
Roteiro de João Falcão, João Emanuel Carneiro e Daniel Filho

Os 12 Trabalhos
Roteiro de Cláudio Yosida e Ricardo Elias

Estômago
Roteiro de Lusa Silvestre, Marcos Jorge e Cláudia da Natividade

Feliz Natal
Roteiro de Selton Mello e Marcelo Vindicatto

Fernando Meirelles – Biografia Prematura
Maria do Rosário Caetano

Fim da Linha
Roteiro de Gustavo Steinberg e Guilherme Werneck; Storyboards de Fábio Moon e Gabriel Bá

Fome de Bola – Cinema e Futebol no Brasil
Luiz Zanin Oricchio

Francisco Ramalho Jr. – Éramos Apenas Paulistas
Celso Sabadin

Geraldo Moraes – O Cineasta do Interior
Klecius Henrique

Guilherme de Almeida Prado – Um Cineasta Cinéfilo
Luiz Zanin Oricchio

Helvécio Ratton – O Cinema Além das Montanhas
Pablo Villaça

O Homem que Virou Suco
Roteiro de João Batista de Andrade, organização de Ariane Abdallah e Newton Cannito

Ivan Cardoso – O Mestre do Terrir
Remier

João Batista de Andrade – Alguma Solidão e Muitas Histórias
Maria do Rosário Caetano

Jorge Bodanzky – O Homem com a Câmera
Carlos Alberto Mattos

José Antonio Garcia – Em Busca da Alma Feminina
Marcel Nadale

José Carlos Burle – Drama na Chanchada
Máximo Barro

Liberdade de Imprensa – O Cinema de Intervenção
Renata Fortes e João Batista de Andrade

Luiz Carlos Lacerda – Prazer & Cinema
Alfredo Sternheim

Maurice Capovilla – A Imagem Crítica
Carlos Alberto Mattos

Mauro Alice – Um Operário do Filme
Sheila Schvarzman

Máximo Barro – Talento e Altruísmo
Alfredo Sternheim

Miguel Borges – Um Lobisomem Sai da Sombra
Antônio Leão da Silva Neto

Não por Acaso
Roteiro de Philippe Barcinski, Fabiana Werneck Barcinski e Eugênio Puppo

Narradores de Javé
Roteiro de Eliane Caffé e Luís Alberto de Abreu

Onde Andará Dulce Veiga
Roteiro de Guilherme de Almeida Prado

Orlando Senna – O Homem da Montanha
Hermes Leal

Pedro Jorge de Castro – O Calor da Tela
Rogério Menezes

Quanto Vale ou É por Quilo
Roteiro de Eduardo Benaim, Newton Cannito e Sergio Bianchi

Ricardo Pinto e Silva – Rir ou Chorar
Rodrigo Capella

Rodolfo Nanni – Um Realizador Persistente
Neusa Barbosa

Salve Geral
Roteiro de Sergio Rezende e Patrícia Andrade

O Signo da Cidade
Roteiro de Bruna Lombardi

Ugo Giorgetti – O Sonho Intacto
Rosane Pavam

Viva-Voz
Roteiro de Márcio Alemão

Vladimir Carvalho – Pedras na Lua e Pelejas no Planalto
Carlos Alberto Mattos

Vlado – 30 Anos Depois
Roteiro de João Batista de Andrade

Zuzu Angel
Roteiro de Marcos Bernstein e Sergio Rezende

SÉRIE CINEMA

Bastidores – Um Outro Lado do Cinema
Elaine Guerini

Série Ciência & Tecnologia
Cinema Digital – Um Novo Começo?
Luiz Gonzaga Assis de Luca

A Hora do Cinema Digital – Democratização e Globalização do Audiovisual
Luiz Gonzaga Assis De Luca

SÉRIE CRÔNICAS

Crônicas de Maria Lúcia Dahl – O Quebra-cabeças
Maria Lúcia Dahl

SÉRIE DANÇA

Rodrigo Pederneiras e o Grupo Corpo – Dança Universal
Sérgio Rodrigo Reis

SÉRIE MÚSICA

Rogério Duprat – Ecletismo Musical
Máximo Barro

Sérgio Ricardo – Canto Vadio
Eliana Pace

Wagner Tiso – Som, Imagem, Ação
Beatriz Coelho Silva

SÉRIE TEATRO BRASIL

Alcides Nogueira – Alma de Cetim
Tuna Dwek

Antenor Pimenta – Circo e Poesia
Danielle Pimenta

Cia de Teatro Os Satyros – Um Palco Visceral
Alberto Guzik

Críticas de Clóvis Garcia – A Crítica Como Ofício
Org. Carmelinda Guimarães

Críticas de Maria Lucia Candeias – Duas Tábuas e Uma Paixão
Org. José Simões de Almeida Júnior

Federico Garcia Lorca – Pequeno Poema Infinito
Antonio Gilberto e José Mauro Brant

Ilo Krugli – Poesia Rasgada
Ieda de Abreu

João Bethencourt – O Locatário da Comédia
Rodrigo Murat

José Renato – Energia Eterna
Hersch Basbaum

Leilah Assumpção – A Consciência da Mulher
Eliana Pace

Luís Alberto de Abreu – Até a Última Sílaba
Adélia Nicolete

Maurice Vaneau – Artista Múltiplo
Leila Corrêa

Renata Palottini – Cumprimenta e Pede Passagem
Rita Ribeiro Guimarães

Teatro Brasileiro de Comédia – Eu Vivi o TBC
Nydia Licia

O Teatro de Abílio Pereira de Almeida
Abílio Pereira de Almeida

O Teatro de Alberto Guzik
Alberto Guzik

O Teatro de Antonio Rocco
Antonio Rocco

O Teatro de Cordel de Chico de Assis
Chico de Assis

O Teatro de Emílio Boechat
Emílio Boechat

O Teatro de Germano Pereira – Reescrevendo Clássicos
Germano Pereira

O Teatro de José Saffioti Filho
José Saffioti Filho

O Teatro de Alcides Nogueira – Trilogia: Ópera Joyce – Gertrude Stein, Alice Toklas & Pablo Picasso –
Pólvora e Poesia
Alcides Nogueira

O Teatro de Ivam Cabral – Quatro textos para um teatro veloz: Faz de Conta que tem Sol lá Fora – Os Cantos de Maldoror – De Profundis – A Herança do Teatro
Ivam Cabral

O Teatro de Noemi Marinho: Fulaninha e Dona Coisa, Homeless, Cor de Chá, Plantonista Vilma
Noemi Marinho

Teatro de Revista em São Paulo – De Pernas para o Ar
Neyde Veneziano

O Teatro de Samir Yazbek: A Entrevista –

O Fingidor – A Terra Prometida
Samir Yazbek

O Teatro de Sérgio Roveri
Sérgio Roveri

Teresa Aguiar e o Grupo Rotunda – Quatro Décadas em Cena
Ariane Porto

SÉRIE PERFIL

Aracy Balabanian – Nunca Fui Anjo
Tania Carvalho

Arllete Montenegro – Fé, Amor e Emoção
Alfredo Sternheim

Ary Fontoura – Entre Rios e Janeiros
Rogério Menezes

Berta Zemel – A Alma das Pedras
Rodrigo Antunes Corrêa

Bete Mendes – O Cão e a Rosa
Rogério Menezes

Betty Faria – Rebelde por Natureza
Tania Carvalho

Carla Camurati – Luz Natural
Carlos Alberto Mattos

Cecil Thiré – Mestre do seu Ofício
Tania Carvalho

Celso Nunes – Sem Amarras
Eliana Rocha

Cleyde Yaconis – Dama Discreta
Vilmar Ledesma

David Cardoso – Persistência e Paixão
Alfredo Sternheim

Débora Duarte – Filha da Televisão
Laura Malin

Denise Del Vecchio – Memórias da Lua
Tuna Dwek

Elisabeth Hartmann – A Sarah dos Pampas
Reinaldo Braga

Emiliano Queiroz – Na Sobremesa da Vida
Maria Leticia

Etty Fraser – Virada Pra Lua
Vilmar Ledesma

Ewerton de Castro – Minha Vida na Arte: Memória e Poética
Reni Cardoso

Fernanda Montenegro – A Defesa do Mistério
Neusa Barbosa

Fernando Peixoto – Em Cena Aberta
Marília Balbi

Geórgia Gomide – Uma Atriz Brasileira
Eliana Pace

Gianfrancesco Guarnieri – Um Grito Solto no Ar
Sérgio Roveri

Glauco Mirko Laurelli – Um Artesão do Cinema
Maria Angela de Jesus

Ilka Soares – A Bela da Tela
Wagner de Assis

Irene Ravache – Caçadora de Emoções
Tania Carvalho

Irene Stefania – Arte e Psicoterapia
Germano Pereira

Isabel Ribeiro – Iluminada
Luis Sergio Lima e Silva

Isolda Cresta – Zozô Vulcão
Luis Sérgio Lima e Silva

Joana Fomm – Momento de Decisão
Vilmar Ledesma

John Herbert – Um Gentleman no Palco e na Vida
Neusa Barbosa

Jonas Bloch – O Ofício de uma Paixão
Nilu Lebert

Jorge Loredo – O Perigote do Brasil
Cláudio Fragata

José Dumont – Do Cordel às Telas
Klecius Henrique

Leonardo Villar – Garra e Paixão
Nydia Licia

Lília Cabral – Descobrindo Lília Cabral
Analu Ribeiro

Lolita Rodrigues – De Carne e Osso
Eliana Castro

Louise Cardoso – A Mulher do Barbosa
Vilmar Ledesma

Marcos Caruso – Um Obstinado
Eliana Rocha

Maria Adelaide Amaral – A Emoção Libertária
Tuna Dwek

Marisa Prado – A Estrela, O Mistério
Luiz Carlos Lisboa

Mauro Mendonça – Em Busca da Perfeição
Renato Sérgio

Miriam Mehler – Sensibilidade e Paixão
Vilmar Ledesma

Naum Alves de Souza: Imagem, Cena, Palavra
Alberto Guzik

Nicette Bruno e Paulo Goulart – Tudo em Família
Elaine Guerrini

Nívea Maria – Uma Atriz Real
Mauro Alencar e Eliana Pace

Niza de Castro Tank – Niza, Apesar das Outras
Sara Lopes

Paulo Betti – Na Carreira de um Sonhador
Teté Ribeiro

Paulo José – Memórias Substantivas
Tania Carvalho

Pedro Paulo Rangel – O Samba e o Fado
Tania Carvalho

Regina Braga – Talento é um Aprendizado
Marta Góes

Reginaldo Faria – O Solo de Um Inquieto
Wagner de Assis

Renata Fronzi – Chorar de Rir
Wagner de Assis

Renato Borghi – Borghi em Revista
Élcio Nogueira Seixas

Renato Consorte – Contestador por Índole
Eliana Pace

Rolando Boldrin – Palco Brasil
Ieda de Abreu

Rosamaria Murtinho – Simples Magia
Tania Carvalho

Rubens de Falco – Um Internacional Ator Brasileiro
Nydia Licia

Ruth de Souza – Estrela Negra
Maria Ângela de Jesus

Sérgio Hingst – Um Ator de Cinema
Máximo Barro

Sérgio Viotti – O Cavalheiro das Artes
Nilu Lebert

Silnei Siqueira – A Palavra em Cena
Ieda de Abreu

Silvio de Abreu – Um Homem de Sorte
Vilmar Ledesma

Sônia Guedes – Chá das Cinco
Adélia Nicolete

Sonia Maria Dorce – A Queridinha do meu Bairro
Sonia Maria Dorce Armonia

Sonia Oiticica – Uma Atriz Rodriguiana?
Maria Thereza Vargas

Stênio Garcia – Força da Natureza
Wagner Assis

Suely Franco – A Alegria de Representar
Alfredo Sternheim

Tatiana Belinky – ... E Quem Quiser Que Conte Outra
Sérgio Roveri

Theresa Amayo – Ficção e Realidade
Theresa Amayo

Tony Ramos – No Tempo da Delicadeza
Tania Carvalho

Umberto Magnani – Um Rio de Memórias
Adélia Nicolete

Vera Holtz – O Gosto da Vera
Analu Ribeiro

Vera Nunes – Raro Talento
Eliana Pace

Walderez de Barros – Voz e Silêncios
Rogério Menezes

Walter George Durst – Doce Guerreiro
Nilu Lebert

Zezé Motta – Muito Prazer
Rodrigo Murat

ESPECIAL

Agildo Ribeiro – O Capitão do Riso
Wagner de Assis

Av. Paulista, 900 – a História da TV Gazeta
Elmo Francfort

Beatriz Segall – Além das Aparências
Nilu Lebert

Carlos Zara – Paixão em Quatro Atos
Tania Carvalho

Charles Möeller e Claudio Botelho – Os Reis dos Musicais
Tania Carvalho

Cinema da Boca – Dicionário de Diretores
Alfredo Sternheim

Dina Sfat – Retratos de uma Guerreira
Antonio Gilberto

Eva Todor – O Teatro de Minha Vida
Maria Angela de Jesus

Eva Wilma – Arte e Vida
Edla van Steen

Gloria in Excelsior – Ascensão, Apogeu e Queda do Maior Sucesso da Televisão Brasileira
Álvaro Moya

Lembranças de Hollywood
Dulce Damasceno de Britto, organizado por Alfredo Sternheim

Maria Della Costa – Seu Teatro, Sua Vida
Warde Marx

Mazzaropi – Uma Antologia de Risos
Paulo Duarte

Ney Latorraca – Uma Celebração
Tania Carvalho

Odorico Paraguaçu: O Bem-amado de Dias Gomes – História de um personagem larapista e maquiavelento
José Dias

Raul Cortez – Sem Medo de se Expor
Nydia Licia

Rede Manchete – Aconteceu, Virou História
Elmo Francfort

Sérgio Cardoso – Imagens de Sua Arte
Nydia Licia

Tônia Carrero – Movida pela Paixão
Tania Carvalho

TV Tupi – Uma Linda História de Amor
Vida Alves

Victor Berbara – O Homem das Mil Faces
Tania Carvalho

Walmor Chagas – Ensaio Aberto para Um Homem Indignado
Djalma Limongi Batista

Biblioteca da Imprensa Oficial do Estado de São Paulo

Sternheim, Alfredo

Diogo Pacheco: um maestro para todos /Alfredo Sternheim – São Paulo : Imprensa Oficial do Estado de São Paulo, 2010.

184p. – (Coleção aplauso. Série Música/ Coordenador geral Rubens Ewald Filho)

ISBN: 978.85.7060-837-6

1. Pacheco, Diogo de Assis, 1925 2. Regentes (Música) – Brasil – Biografia 2. Regência (Música) – Brasil I. Ewaldo Filho, Rubens II. Título. III. Série.

CDD 781.45 ou 780.092

Índice para catálogo sistemático:

1. Cantores : Brasil : Biografia 780.092

Imprensa Oficial do Estado de São Paulo
Rua da Mooca, 1921 Mooca
03103-902 São Paulo SP
www.imprensaoficial.com.br/livraria
livros@impresaoficial.com.br
SAC 080001234 01
sac@imprensaoficial.com.br

imprensaoficial

Imprensa Oficial do Estado de São Paulo

diretor-presidente
Hubert Alquéres

diretor industrial
Teiji Tomioka

diretor financeiro
Flávio Capello

diretora de gestão de negócios
Lucia Maria Dal Medico

gerente de produtos editoriais e institucionais
Vera Lúcia Wey

Coleção Aplauso
Série Música

Coordenador Geral	Rubens Ewald Filho
Editor Assistente	Claudio Erlichman
Assistente	Karina Vernizzi
Projeto Gráfico	Via Impressa Design Gráfico
Direção de Arte	Clayton Policarpo Paulo Otavio
Editoração	Douglas Germano Deiverson Rodrigues Emerson Brito
Tratamento de Imagens	José Carlos da Silva
Revisão	Wilson Ryoji Imoto

Formato	21x26cm
Papel Miolo	Couché fosco 150g/m^2
Papel Capa	Triplex 350g/m^2
Tipologia	ChaletComprime, Univers
Número de páginas	184
CTP, Impressão e Acabamento	Imprensa Oficial do Estado de São Paulo

Nesta edição, respeitou-se o novo
Acordo Ortográfico da Língua Portuguesa